HEYNE
LYRIK

KAP DER GUTEN HOFFNUNG GEDICHTE AUS DEM SÜD-AFRIKANISCHEN WIDERSTAND

Gedichte aus dem südafrikanischen Widerstand

Herausgegeben, übersetzt und eingeleitet
von Peter Horn

Wilhelm Heyne Verlag
München

HEYNE LYRIK
Nr. 29/66

Printed in Germany 1989
Umschlagfoto: Horst Munzig, Mindelheim
Umschlaggestaltung: Christian Diener, München
Satz: Fotosatz B. Hopfengärtner, München
Druck und Bindung: Pustet, Regensburg

ISBN: 3-453-03369-8

Meinem Freund, dem südafrikanischen Dichter Jeremy Cronin gewidmet, der von der südafrikanischen Justiz wegen Verbreitung der Wahrheit zu zehn Jahren Gefängnis verurteilt wurde.

Mayibuye Afrika

INHALT

ZUR EINFÜHRUNG

In einem Land, in dem zwanzig Millionen schweigen, weil ein staatlich kontrollierter Medienapparat sie nicht zu Worte kommen läßt, weil jeder Versuch, das Wort zu ergreifen, um die Wirklichkeit dieses Landes darzustellen, durch eine unermüdlich den Rotstift führende Zensur nicht nur verboten, sondern auch bestraft wird, in einem Land, in dem die protestierenden Stimmen von Schulkindern in Soweto und von Frauen und Kleinkindern in Sharpeville mit Maschinengewehrsalven zum Schweigen gebracht werden, in einem Land, in dem die unheimliche Stille der Unterdrückung nur hin und wieder kurzfristig durch explodierende Bomben unterbrochen wird, kann Dichtung nur eine Aufgabe haben: diese Wahrheit fortbildend lebendig zu halten. Daher schied von vornherein alles aus, was mit der Sprache nur selbstgefälliges Spiel trieb, was nur Kunst sein wollte und eben deshalb keine Kunst mehr war; ausscheiden mußte auch jene Spielart kolonialistischer Poesie, die die Helden des großen Trek und andere Schlächter der Ureinwohner des Landes verherrlicht, ebenso jene, die als Urwald- und Steppenpoesie das fremde Land mit exotischen Metaphern als Widerspiegelung der eigenen empfindsamen europäischen Seele zu vereinnahmen sucht; ausscheiden mußten solche Texte nicht nur, weil der Herausgeber moralische Bedenken gegen die Verherrlichung einer alles sich einverleibenden Eroberung hatte, sondern auch, weil jene Verherrlichung verlogen, falsch und ästhetisch minderwertig ist. Es fehlt auch jene penetrant private Poesie, die Scheuklappen anlegt, um nicht zu sehen, was doch unübersehbar ist: die politischen Kosten ihrer Privatheit, die Ausbeutung, der Hunger der großen Mehrheit der Südafrikaner, die ein ausgeklügeltes Gesetzessystem nicht bloß unterdrückt, sondern sogar zu Nichtbürgern in ihrem eigenen Lande erklärt. Solche private Poesie mag man bei Guy Butler, *A book of South African Verse* (London 1959), oder Jack Cope und Uys Krige, *The Penguin Book of South African Verse* (Harmondsworth 1968), nachlesen. Ausgehen konnte die Auswahl aber auch nicht, selbst wenn ein modisches ›schwarzes Bewußtsein‹ dies nahegelegt hätte, von der Hautfarbe der Dichter: Jeremy Cronin, der zu zehn Jahren Gefängnis verurteilt wurde, weil er oppositionelle Pamphlete druckte und verbreitete, ist ein ›Weißer‹; Dennis Brutus, der nach einem Aufenthalt in verschiedenen südafrikanischen Gefängnissen nach England ins Exil ging, ist ein ›Farbiger‹ (d. h. ein Mischling); Wally Mongane Serote ist ein ›Schwarzer‹: diese Klassifikationen haben sich rassistische Bürokraten ausgedacht; sie zur gesellschaftlichen Realität zu erklären hieße, den Ideologen der Apartheid in die Hände zu arbeiten. Was allein zählt, ist die präzise Darstellung (und damit auch die sprachlich-formale Bewältigung) des Leidens und des Kampfes der Menschen und das Engagement für eine humanere Zukunft.

Unter den in Südafrika geltenden Verbreitungsbedingungen ist es fast selbstverständlich, daß solche Lyrik den Dichter mit dem Gesetz in Konflikt bringt. Fast jeder der hier Vertretenen wird von der Sicherheitspolizei überwacht, die meisten der hier abgedruckten Gedichte sind in Südafrika verboten, viele Dichter haben generelles Schreibverbot, und manche haben ihr Engagement mit langjährigen Zuchthausstrafen zu bezahlen, andere, wie Wilhelm Knobel und Ingrid Jonker, sahen aus der erniedrigenden Existenz dieses Polizeistaates nur den Freitod als Ausweg. Überschrien von einem staatlich gelenkten Medienapparat, der konsequent zur Verdummung der Bevölkerung eingesetzt wird (vgl. Jeremy Cronin, *Südafrikanischer Rundfunk: Nachrichten*), ausgeschlossen aus allen offiziellen Zeitungen und Zeitschriften (auch aus denen, die sich ›liberal‹ geben), in Lyrikzeitschriften mit winziger Auflage erscheinend, mit wenig Aussicht, jemals in Buchform herauszukommen, scheint Lyrik nicht gerade das geeignetste Medium für eine politische Aussage zu sein; wider aller Voraussicht – daher die ständig sich steigernde Aufmerksamkeit der Zensurbehörde – und nur auf die Mundpropaganda ihrer Leser angewiesen, hat sich die hier vorgestellte Lyrik in illegalen Kopien und in Lesungen für ein analphabetisches Publikum eine Zuhörerschaft geschaffen, die sich nicht an der Anzahl der verkauften Bücher messen läßt. In Soweto gab es vor und während der Unruhen Gedichtlesungen in Fußballstadien; Photokopien der Gedichte von Dennis Brutus, Barry Feinberg, A. N. C. Kumalo (ein Pseudonym), Mazisi Kunene und vielen anderen gehen von Hand zu Hand, und die intendierten Leser haben gelernt, Ironie, Spott und Aggression zwischen den Zeilen zu lesen. Die frühesten der einheimischen Dichter, die ihre Gedichte in den ursprünglichen Sprachen des Landes veröffentlichten, verstanden es, ihre Kritik in Lob zu verstecken; denn zunächst standen nur die Missionspressen und die Schulbücher ihren Gedichten offen. Deren Einstellung zu systemgefährdender Lyrik ist leicht zu erraten. So schreibt denn S. E. K. Mqhayi mit gutmütigem Gesicht eine Lobhymne auf den Prinzen von Britannien (Georg VI.), in dem er ihn ›Kalb des Untiers, / Trampelndes Tier, das sogar jetzt noch alles zertritt . . . / . . . Fresser der Erbschaft unseres Landes‹ nennt und eine scharfe Kritik der unheiligen Allianz von Missionaren und Militär anbringt: gewiß, er kann sich darauf verlassen, daß die hohen Herrschaften, denen er von seinen Missionaren als ›gebildeter Wilder‹ vorgeführt wird, weder Xhosa-Sprache noch Ironie verstehen, aber den Missionaren, die seiner Sprache mächtig sind, diese Frechheiten als Loblied anzudrehen und sie dazu zu bewegen, es abzudrucken, war schon ein starkes Stück. Ähnlich nutzt noch Madlenkosi Langa weiße Institutionen (den verhaßten ›Paß‹, der den Schwarzen an eine Arbeitsstelle fesselt) als Waffe gegen eben das System, das ihn unterdrückt (*Gummistempel*). Wo Schwarze die Druckerpresse selbst beherrschten (wie in den Zeitschriften *The Classic* und *The New Classic*), oder wo eine Zeitschrift wie *Ophir* sie keiner redaktionellen Zensur unterwarf, bedienten sie sich einer offeneren und aggressiveren Sprache. In ihr wurde alles laut, was die Menschen Südafrikas bewegte. Wo die Grenzen allerdings nicht durch die Redakteure gesetzt waren, wurden sie bald durch die Zensur gezogen. Eine wirklich freie Sprache konnte sich deshalb nur im Exil entwickeln. In Südafrika selbst muß jeder junge Dichter, jede Generation sich von neuem selbst aus dem Sumpf des Unsäglichen herausarbeiten.

Der Stil, die Sprache, die Formen der südafrikanischen Lyrik haben sich unter dem politischen Druck des Apartheidsystems geformt; nicht weniger die Inhalte. Daher sprechen diejenigen weißen südafrikanischen Dichter, die sorgsam in der neuromantischen Tradition Englands weiterdichten, und die, die sich immer noch auf T. S. Eliot berufen, mit einem gewissen Recht von Monotonie. Gewiß lassen sich langweilige Gedichte nicht mit der Langweiligkeit des Themas entschuldigen, und gewiß ist es schwierig für das einhundertste erschossene Schulkind noch dieselbe Empörung aufzubringen, wie sie beim ersten Schuß auf Hector Peterson aufflammte. Aber es ist wichtig zu sehen, daß die Kolonialgeschichte Südafrikas bis heute durch Einfallslosigkeit und Monotonie gekennzeichnet ist: Die immer wiederkehrende brutale Wendung zu Gummiknüppel und Gewehr, aber auch die brutale Monotonie der Ausbeutung und Entrechtung der südafrikanischen Massen verlangen eben das monotone Insistieren auf immer denselben Forderungen. Schon ein Ausweichen auf ›interessantere‹ Themen wäre ein Verrat am Leiden der Menschen. Fortschritt der Lyrik in Südafrika kann weder heißen, von dem Schreckensantlitz einer in sich selber erstarrten Gewalt fortzuschreiten, noch kann es heißen, jenes terroristische Gesicht mit der Schminke ›schöner‹ Verse zu verklären. Fortschritt der Lyrik in Südafrika kann nur bedeuten: was geschieht so zu formulieren, daß es veränderbar wird. Diesem Anspruch werden gewiß nicht alle Texte gerecht, die hier gesammelt wurden, aber an diesem Anspruch mißt sich, was ernsthaft südafrikanische Lyrik genannt werden kann. Gemessen wird diese Realität an einem Wunschbild, an einer Utopie. Ob sie nun der Traum einer vom Kolonialismus unberührten tribalistischen Vergangenheit ist oder die Gestalt einer vorweggenommenen Revolution annimmt: solange diese Realität so bleibt, wie sie ist, ist es noch nicht Zeit, ›über Bäume‹ zu sprechen, obwohl auch dies sicher notwendig ist. Selbst wenn jene Utopie märchenhafte Züge haben mag, sie legitimiert sich als Gegenbild zu der gedankenlosen Ideologie der Anhänger der Apartheid, die sich in der Wagenburg ihres Weißseins verschanzt und Zukunft verboten haben. Wo Zukunft nicht mehr diskutiert werden darf (es sei denn als technologischer Fortschritt einer gleichbleibenden Herrschaftsstruktur), verliert Utopie leicht die Komponente des Machbaren. Das Machbare aber, das hat das Scheitern allen gewaltlosen Widerstands in Südafrika gezeigt, ist nicht die Evolution, ist nicht die Hoffnung darauf, daß westlicher Einfluß und die inhärente Entwicklung des Kapitalismus schließlich ›von selbst‹ zu einer Abschaffung des Apartheidsystems führen müssen, sondern revolutionäre Gewalt gegen den staatlichen Terror. In Südafrika, im Kampf der südafrikanischen Inder um ihre Bürgerrechte hat Mahatma Ghandi den gewaltlosen Widerstand zuerst angewendet; hier ist er gescheitert. Gescheitert ist auch Albert Luthuli mit seiner Idee der Gewaltlosigkeit; gescheitert sind schließlich die Schüler von Soweto, Nyanga und Langa, deren friedliche Demonstrationen mit Gewehrkugeln zerstreut wurden. Seit Sharpeville hat die Hoffnung der Unterdrückten auf eine friedliche Lösung ständig abgenommen. An den Grenzen stehen die Guerillakrieger der Befreiungsbewegungen, in den Städten formieren sich Zellen der Stadtguerilla, und ein Bürgerkrieg von noch schrecklicheren Ausmaßen als der rhodesische scheint bevorzustehen.

Die Angst des schwarzen Dichters ist, daß er in diesem notwendigen Kampf so brutal und gefühllos werden kann wie sein weißer Unterdrücker, daß er seine Humanität verlieren könnte, während er den notwendigen revolutionären Kampf führt. Gewalt ist der *basso continuo* der südafrikanischen Geschichte: mit Vorderlader, festen Forts und Wagenburgen haben die Kolonisten dieses Land erobert und jeden Widerstand brutal unterdrückt: gleich der ersten Schritt an Land war der Griff nach dem Besitz der Hottentoten auf der Kaphalbinsel; Jahr für Jahr folgte neue Grausamkeit, neue Brutalität; die Furcht vor dem ›Herrenvolk‹ wurden den ›Hotnots‹ und ›Kaffern‹ durch Menschenjagden und Schlächtereien unerhörten Ausmaßes beigebracht. Die Kinder, die verschont wurden, lernten, was Ausbeutung heißt. Wenn sie sich wehrten, wurde das Lehrstück in verschärfter Fassung neu inszeniert, bis sie gelernt hatten, sich schweigend und lächelnd als ›gute Kaffern‹ ihrem Schicksal zu fügen. Aber die spontane, meist unorganisierte Rebellion, das Aufbegehren aus letzter Verzweiflung, die nicht mehr fragt, ob der Tod durch Gewehre oder durch Hunger vorzuziehen sei, ist dennoch ein regelmäßig wiederkehrendes Motiv südafrikanischer

Geschichte: 1799 schon die Khoisanrebellion (Buschmänner und Hottentoten, die sich gegen die Landnahme durch die Buren wehrten), der Sklavenaufstand von 1808, die Rebellion der African People's Organisation von 1905, die Ghandi-Kampagne von 1906, der Streik der Müllarbeiter von 1918, die mit Maschinengewehren niedergemachten ›Israeliten‹ von Bullhoek und die mit Fliegerbomben ausgerottetten Bondelswarts, die Opfer in den Arbeiterkasernen von Pretoria 1942, der Aufstand in Sophiatown 1944, das Massaker von Sharpeville 1960, der Aufstand in Windhoek 1961, die Unruhen in Paarl 1962 und schließlich Soweto 1976/77. Eine kurze Auswahl der zum Alltag gewordenen Verbrechen. Die Liste könnte fast beliebig verlängert werden. Kein Wunder, daß Gewalt, offen und versteckt, Inhalt, Symbolismus und Sprache der Gedichte prägen:

> Die Wasser, aufgebäumt zum Angriff, brechen
> vorwärts:
> ohne ein Wort, die Gewalttätigkeit. Von den
> Felsen
> über der warmen, haibrütenden See ...

Ingrid Jonkers Kind, das ›mit einer Kugel durch den Kopf‹ noch vor der Polizeistation von Philippi (in der Nähe Kapstadts) liegt, aber auch die streikenden Arbeiter von Durban in Barry Feinbergs Gedicht:

> Arme brachten die Luft
> ins Schwanken
> Fäuste trommelten gegen den Himmel,
> Eine blutrote Fahne
> Zerschlug den Nachmittag

Gewalt und Gegengewalt: Stokeley Carmichael, der amerikanische Negerführer, analysiert den Nexus, der Unterdrücker und Unterdrückte aneinanderbindet: Jahrelang hat man geglaubt, der Schwarze werde nicht wirklich um sein Leben kämpfen ... Von unserem Standpunkt muß man den wildgewordenen weißen Mob und den weißen nächtlichen Schlächtern zu verstehen geben, daß die Tage des kostenlosen Köpfeeinschlagens vorbei sind. Nichts schreckt den mehr ab, der es darauf abgesehen hat, dich zu vernichten, als die klare Botschaft: »Gut, du Idiot, mache deinen Zug, aber du begibst dich in dieselbe Gefahr wie ich – zu sterben.«

... Wir, die wir ›Schwarze Macht‹ verkünden, wissen ganz genau, daß der gewaltlose Versuch, Bürgerrechte zu bekommen, ein Versuch ist, den wir uns nicht leisten können, und ein Luxus, den die Weißen nicht verdienen. Uns ist völlig klar – und der weißen Gesellschaft muß es ebenso klargemacht werden –, daß es eine gesellschaftliche Ordnung ohne gesellschaftliche Gerechtigkeit nicht geben kann.

Auch Pascal Gwala findet, daß genug geredet worden ist: »Du weißt, daß Worte nicht töten / Aber ein Gewehr.« Da die einzige Sprache, die Weiße mit Schwarzen sprechen, die Sprache des Gewehrs ist, sind auch die Schwarzen nicht länger bereit, sich durch bloßes Gerede am Konferenztisch um ihre Rechte betrügen zu lassen.

Gewalt ist in Südafrika keine Erfahrung von gestern: Soweto war immer schon, nur hat niemand es wahrgenommen. Erst die Befreiung Afrikas vom kolonialen Joch hat Europa gezwungen, sich mit der Situation in Südafrika zu beschäftigen und sie in den Medien kritisch zu diskutieren. Jolobes Gedichte erschienen 1936, Mqhayis 1943, Tshakas 1953 in Buchform. Schon damals wußte Jolobe, wie man einen Menschen zum Knecht macht, schon damals beschrieb Tshaka die Zukunft Afrikas als Gewalt: »Tränen und Blutvergießen ... Kampf und Verwirrung«. Auch Vilakazis Beschreibung der Ausbeutung der Minenarbeiter wurde schon vor dem Zweiten Weltkrieg veröffentlicht. Er prophezeite, daß die Schwarzen eines Tages aufstehen werden, daß eines Tages diese Erde meiner Vorväter den Schwarzen wieder gehört, den rechtmäßigen Eigentümern.

Solche Stimmen werden in Südafrika von den Weißen noch immer nicht gehört. Aber sie nehmen die Zukunft vorweg, die nach amtlichen Plänen nicht stattfinden soll. Der Rückzug des weißen Herrenvolks in seine streng abgeschirmte Isolation, in der es in kunstfertigen Spiegeln immer nur sich selbst erblickt, der Abbruch aller Kommunikation zwischen Herrschern und Beherrschten, ist nicht nur psychotisch, sondern auch äußerst gefährlich. Wieder einmal haben die Herrschenden zu spät bemerkt, daß der Tod eines Steve Biko die Außenwelt gegen sie aufbringt, sie Millionen an Devisen kostet, daß sie selbst den Aufstand im Innern schüren, indem sie ihn abzuwehren versuchen. Sie kennen nur die Kommunikation, die Herrschaft aufrechterhält, die auf den anderen nicht hört, sondern ihm vorschreibt, wie er sein soll. Reagiert der Untergeordnete nicht wie erwartet, dann erscheint dem Herrschenden seine Sprache als unverständlich, verrückt, aufsässig, frech. Geduldig hat bisher der Schwarze dem Weißen zu erklären versucht, was es heißt, in diesem Lande ein Schwarzer zu sein. Und immer wieder hat er wie Oswald Mbuyseni Mtshali erlebt, daß er als Sprechender in dieser Gesellschaft nicht existiert, nicht existieren kann:

Wenn ich die Wahrheit sage
bin ich verabscheuenswürdig.
Wenn ich Lügen erzähle
bin ich verwerflich.
Wenn ich nichts erzähle
bin ich unberechenbar.
Wenn ich um zu gefallen lächle
bin ich nichts als eine unterwürfige Gliederpuppe.

Empathie ist unzureichend, wenn man mit einer Dichtung konfrontiert wird, deren Erlebnis unseren eigenen Erfahrungshorizont überschreitet. Nicht nur zuhören dürfte man, sondern müßte selbst Teil der Leidenden und Kämpfenden werden, wollte man sie ganz verstehen. Vor allem wenn man begreift, daß man selbst zunächst einmal Teil des unterdrückenden Systems ist; auch der Apartheidsgegner in Südafrika, auch der in Europa, ohne dessen ökonomische Investitionen Südafrika längst zusammengebrochen wäre, dessen militärische Hilfe Sharpeville ebenso möglich machte wie Soweto und den Widerstand gegen den Befreiungskampf an den Grenzen Südafrikas und Namibias.

Zwischen den Aufständen, den Rebellionen und kurzlebigen Revolutionen immer wieder dieselben Erfahrungen, die tägliche Apartheid: der Griff nach dem Paß, mit dessen Hilfe man das Leben der Nicht-Bürger dieses Staates kontrolliert, mit dessen Hilfe nur genau so viele Schwarze in die Ghettoschlafstädte von Johannesburg und Kapstadt gelassen werden, wie jeweils im Produktionsprozeß gebraucht werden. Wer sich nicht als nützlicher Arbeiter ausweisen kann, wird in vergitterte Wagen geladen, landet im Gefängnis und wird in hungernde und überbevölkerte Reservate abgeschoben, die neuerdings den Status unabhängiger Staaten erhalten sollen, aber nie mehr sein können als Warteräume für die Reservearmee der südafrikanischen Wirtschaft. Daß bei der rücksichtslosen Jagd einmal ein Schwarzer im Wagen erstickt oder verdurstet, gehört mit zu jenem ›nichtamtlichen Spielchen‹, das Wilhelm Knobel in seiner *Elegie für drei Paßträger* beschreibt, das ist die *Fahrt im Todeswagen,* von der auch Oswald Mtshali schreibt, die *Kwela-Fahrt* Pascal Gwalas. Denn Polizei ist überall, ohne viel Skrupel schlägt sie zu, im sicheren Wissen, daß sie nicht zur Rechenschaft gezogen wird:

ich sah sie
die Nachtwache zusammenschlagen
sein Kopf ein Ball aus Blut

Daß die Ghettos Südafrikas eine Brutstätte des Verbrechens sind, daß jene, die unter den derzeit herrschenden Bedingungen nicht arbeiten dürfen oder wollen, diejenigen terrorisieren, die glücklich genug sind, am Samstag einen wie mageren Wochenlohn auch immer nach Hause zu tragen, verwundert nicht; höchstens, daß die allgegenwärtige Polizei anderweitig beschäftigt ist, wenn ›jede Nacht auf der Straße‹ Opfer geschlachtet werden, wenn die Bewohner Sowetos in ihren Streichholzschachtelhäusern nachts vor knirschenden Schritten beben, wenn das einzige, was sie ebenso fürchten wie die Polizei, die Verbrecher sind, vor denen die Polizei sie schützen sollte.

Der Statistik nach war schon jeder Schwarze mindestens einmal im Gefängnis. »Warum ist mein Vater im Gefängnis?« fragt der *Junge auf der Schaukel* in Oswald Mtshalis Gedicht. Gründe gibt es immer: vom zum Hause vergessenen Paß bis hin zu politischen ›Verbrechen‹, zu denen die Herstellung und Verbreitung oppositioneller Literatur ebenso gehört wie die Herstellung von Bomben oder der Besitz von Feuerwaffen. Das Gefängnis ist darum nach den Paßvergehen eines der häufigsten Themen südafrikanischer Lyrik. Klassisch geworden sind inzwischen *Die Briefe an Martha* von Dennis Brutus, Arthur Nortjes *Vorsorgehaft* und *Briefe aus dem Zentralgefängnis* sowie Barry Feinbergs *Statue stehen*. Aber auch die Jüngeren, A. N. C. Kumalo und Mazisi Kunene, haben ihre einschlägigen Erfahrungen in Gedichtform niedergeschrieben. Keith Gottschalks *Der Prozeß* beschreibt, wie es zugeht, wenn ein politischer Gefangener ausnahmsweise nicht einfach jahrelang ohne Verhandlung gefangengehalten, sondern öffentlich angeklagt wird. Es ist die Karikatur eines Rechtsvorgangs, der dem Angeklagten jedes Mittel zur Darstellung seiner Sache aus der Hand schlägt, weil er bereits vor Prozeßbeginn als Schuldiger feststeht: der Angeklagte wird vorher der Tortur des Elektroschocks und anderer Foltern solange ausgesetzt, bis er vom Schmerz überwältigt jede ›Aussage‹ unterschreibt, die die Polizei von ihm haben will.

Die brutale und sinnlose Quälerei von politischen Gefangenen spielt in vielen Gedichten südafrikanischer Dichter eine wichtige Rolle; symbolisiert sie doch am deutlichsten, daß die südafrikanische Gesellschaft letztlich auf Gewalt aufgebaut ist und ohne Gewalt längst zusammengebrochen wäre. Breyten Breytenbachs *Brief aus der Fremde an die Schlächter,* aus dem Exil geschrieben, ist inzwischen selbsterlebte Realität geworden:

> ich stehe auf Backsteinen vor meinen Mitmenschen
> ich bin das Standbild der Befreiung
> das mit Elektroden an den Hoden
> Licht in die Dämmerung zu schreiben versucht
> ich schreibe Parolen mit karmesinrotem Urin
> über meine Haut und auf den Boden
> ich erwache
> erstickt in den Tauen meiner Därme
> rutsche auf Seife aus und breche mein Gerippe
> ermorde mich selbst mit der Abendzeitung

Arthur Nortjes *Vorsorgehaft* erinnert an diejenigen, die ohne rechtsgültige Verurteilung, auf bloße Veranlassung des Justizministers hin, als Verdächtige oder Zeugen 180 Tage lang festgehalten werden dürfen. Der Minister kann ihre Haft jeweils nach Ablauf der Frist um weitere 180 Tage verlängern, ohne irgend jemandem Rechenschaft schuldig zu sein. Die so an jedem Zugang zu einem Richter oder Advokaten Gehinderten sind hilflos der Grausamkeit der Polizei ausgeliefert: Steve Bikos Tod, der von bereitwilligen Ärzten gern als ›natürlich‹ vertuscht worden wäre, ist kein Einzelfall; immer wieder begehen Strafgefangene in südafrikanischen Gefängnissen Selbstmord, springen aus hochgelegenen Stockwerken und machen so die Verletzungen unkenntlich, die Polizeibeamte ihnen vorher zugefügt hatten. *Der lange Sturz* von A. N. C. Kumalo erinnert daran, ebenso sein Gedicht *Vor dem Verhör.* Das erste ist auf Babla Saloojees und das zweite auf Ahmed Timols Tod geschrieben. Opfer sind aber auch jene, die nach einem ›rechtsgültigen‹ Prozeß, z. B. nach dem ›Terroristengesetz‹, ganz ›legitim‹ zum Tode verurteilt wurden, wie Mini, Khayinga und Mkaba, drei Gewerkschaftsführer und Mitglieder des A. N. C. Sie wurden im November 1964 erhängt, ihnen hat A. N. C. Kumalo sein *Rachegedicht* gewidmet, oder John Harris, der 1965 wegen Sabotage und Mord hingerichtet wurde und dessen Tod C. J. Driver in seinem Gedicht *Die Dunkelheit ansingend* beschreibt.

Wer die Dichtung Südafrikas beschreibt, muß sich dieser und ähnlicher historischer Voraussetzungen bewußt bleiben: seit mehr als dreihundert Jahren steht das Land unter der ständig wachsenden Herrschaft weißer Kolonisatoren. Es ist eine noch heute mit den brutalsten Mitteln verteidigte Siedlerkolonie. Hingegen hat der Rest Afrikas, wenn schon nicht völlige Freiheit, so doch nationale Unabhängigkeit gewonnen. Das hat den Subkontinent so sehr verändert, daß ein Rückzug in alte tribalistische Formen des Denkens und Dichtens unmöglich geworden ist. Auch der schwarze Schriftsteller muß sich fragen, welche Formen der traditionellen afrikanischen Ästhetik zu den gegenwärtigen Erfahrungen passen. Nur noch Kollaborateure und Unterstützer des herrschenden Regimes, wie Credo Mtutwa und Stephen Gray, können arglos Bantureligionen und Shakamythen für die Touristenfolklore zuschneiden. Wer von der Regierung gezwungen wird, in kahlgefressene, übervölkerte Bantustans ›heimzukehren‹, dem ist alles, was den Stempel ›Bantu‹ trägt, fragwürdig geworden. Befreiung kann nicht heißen Rückkehr zur Eingebundenheit in den Stamm, auch wenn Advokaten eines ›schwarzen Bewußtseins‹ die Schönheit einer schwarzen Vergangenheit romantisch preisen. Wahr ist ohne Zweifel, daß Afrika vor der Zukunft der weißen Kolonisatoren eine hohe Kultur hatte, aber diese Kultur war in ökonomischen und gesellschaftlichen Formen verwurzelt, die nach mehr als dreihundert Jahren Kolonialismus nicht wieder zum Leben erweckt und einer politischen und gesellschaftlichen Struktur ganz anderer Art aufgestülpt werden können.

Während die traditionelle Kunst Afrikas noch nicht völlig verschwunden ist und die zeitgenössischen Künstler Südafrikas ihr durchaus Elemente entlehnen können, die sich auch unter den gegenwärtigen Umständen noch als tragfähig erweisen, entwickelt sich in Südafrika gleichzeitig eine neue Kultur, die in ihrer Struktur, Form, Organisation, Ideologie, ja selbst in der Form ihrer Verbreitung ohne den Einfluß europäischer Kunst undenkbar wäre. Die traditionelle afrikanische Poesie war eine ausschließlich mündliche Poesie, die auf das Publikum eines einzigen Stammes angewiesen war und durch die Sänger des Stammes von Generation zu Generation tradiert wurde. Seit Anfang dieses Jahrhunderts gibt es eine südafrikanische Lyrik, die nicht nur europäische Lyrikformen (vom Kirchenlied bis zum freien Rhythmus) verwendet, sondern sich auch spezifisch europäischer Formen der Verbreitung von Kunst bedient: Zeitungen, Zeitschriften und Bücher (solange Radio und Fernsehen dem oppositionellen Schwarzen noch verschlossen sind). In öffentlichen Gedichtlesungen durchbrechen südafrikanische Dichter die individualistischen Beschränkungen, die eine solche Kunstform, in der ein Autor zu einem Leser spricht, notwendigerweise aufweist. Wenn auch nur wenige südafrikanische Dichter spezifisch einheimische Gedichtformen (wie das Loblied bei Mqhayi) gebrauchen, so lebt in der aufgrund des verbreiteten Analphabetentums notwendigen mündlichen Vortragsform doch noch die alte kommunale Vorstellung fort, daß Kultur nicht etwas sei für Einzelne oder Vereinzelte. Sehr vielen der hier gesammelten Gedichte sieht man an, daß sie in großen Versammlungen gelesen oder besser noch gesungen werden sollen: inhaltlich, als Verantwortung und als Zuspruch, formal als rhethorische Insistenz, die der Lyrik der Gegenwart in Europa weitgehend fremd ist, wenn man von einzelnen linken Versuchen einmal absieht, Dichtung wieder als öffentliches Ereignis stattfinden zu lassen.

Jedoch nicht in jedem Fall konnte der südafrikanische Dichter dem Zwang vollständig entgehen, der dem gedruckten Wort inhärent ist. Gedichte schreiben heißt eben doch, sich an eine kleine ausgewählte Lesergruppe wenden, die die Muße und die Ausbildung hat, sich mit komplexen Gedankengängen auseinandersetzen zu können. Lange Zeit konnte sich der schwarze Dichter auch den Anforderungen eines vorwiegend weißen Publikums nicht ganz entziehen. Je mehr er versuchte, seine Dichtung schwarz zu machen, desto deutlicher mußte ihm werden, daß er durch die Lyrikzeitschriften und Gedichtbände ein weißes Publikum ansprach: wenn auch nur, um es, wie James Matthews, zu beleidigen oder sich, wie Wally Serote in seinen Ofay-Watchers-Gedichten, über es zu mokieren. Aber es gibt noch schwerer greifbare Abhängigkeiten, sei es durch die Wahl einer poetischen Form, sei es durch die Wahl einer Ideologie, eines Wortschatzes, einer gedanklichen Struktur. Immer wieder wird deutlich, daß bis vor kurzem der schwarze Dichter für eine kleine Elite schrieb, deren Auffassungen von der Aufgabe der Kunst durch ihre Auseinandersetzungen mit europäischer Kunst geprägt worden sind. Der Adressat ist immer notwendigerweise Teil des Gedichts. Erst als in den späten sechziger Jahren die Bewegung des ›schwarzen Bewußtseins‹ auch den schwarzen Dichtern ein stärkeres Eigenbewußtsein gab und gleichzeitig ein Publikum für seine Dichtung schaffte, löste sich die südafrikanische Lyrik langsam von der Vormundschaft europäischer Vorbilder.

Die frühe politische Dichtung Südafrikas war Protestdichtung, und zwar in derselben Weise wie die Politik des A. N. C. und P. A. C. Protestpolitik war. Sie wandte sich an das Gewissen der Weißen in Südafrika und Übersee und hoffte, sie zu einer ›rationaleren‹ Einstellung bringen zu können, aus der heraus sie von sich aus die Apartheid abschaffen würden. Der Dichtung der letzten zehn Jahre hingegen ist anzusehen, daß sie ein neues Bewußtsein verkörpert: der einzige, der die politischen Zustände in Südafrika verändern kann, ist der Schwarze selbst. Die Kritik an den Weißen hat sich eher noch verschärft. Darüber hinaus hat die jüngere Dichtung ein Element des Selbstvertrauens, das der älteren Dichtung völlig fehlt. Gleichzeitig ist sie eine neue scharfe Selbstanalyse, die nicht mehr vor den Augen eines weißen Publikums posiert. Donald Parenzees noch unveröffentlichte (aber immer wieder auf Versammmlungen gelesene) Gedichte markieren den Wendepunkt. Wie er, schreiben viele junge südafrikanische Dichter nicht mehr für einen Buchmarkt, der ihre Produkte eben jenen vorenthält, denen sie gewidmet sind. Ihre Texte entstehen aus der Diskussion der Soweto-Generation und münden immer wieder in sie ein; denn sie werden nicht nur vorgelesen, sondern auch zur Diskussion gestellt. Sie sind das Abbild einer Selbstreflexion, die sich der Gefahr reiner Selbstbespiegelung stets bewußt bleibt, ohne sich doch jemals wieder in einen bloßen Aktivismus verlieren zu können:

> aber diese fragen zeigen auch unseren zustand,
> zeigen, daß sogar
> fragen
> eine art von leiden sind; und dieses sprechen ist
> nötig,
> um den kampf weiterzuführen

Parenzees Lyrik versucht, alle Posen, sowohl die eines durch nichts begründeten Optimismus als auch die eines verbitterten Zynismus, zu hinterfragen. Es geht ihm nicht nur darum, die Helden des Kampfes der Anti-Apartheidsbewegungen zu feiern, sondern auch darum, die Schwächen aufzuzeigen, deretwegen alle bisherigen Freiheitsbewegungen an der monolithischen Macht Südafrikas gescheitert sind:

> Wir brauchen solche Inventare unserer Schwächen
> und mageren Beiträge!
> Sie müssen in Blindenschrift geschrieben werden,
> damit sie unser verweichlichtes Fleisch aufreißen.

Darin liegt ohne Zweifel die Hoffnung und die Bedeutung einer zukünftigen südafrikanischen Lyrik.

SAMUEL E. K. MQHAYI

Eure Hoheit, Prinz von Britannien

›Körper – der – raucht‹, ist der Name, mit dem ich
dich grüße;
›Brennender Körper‹ ist dein Kosename:
›Geißel-der-Nation‹ heißen wir dich im geheimen;
deine Lob-Sänger nennen dich ›Blitze-Schleuderer‹;
Ehre sei dir!

Geht hin, alle ihr, geht hin und erkennt ihn.
Geht hin, alle Völker, und erkennt.
Was für ein Geschöpf ist dies unbekannte
Ungeheuer?
Nie zuvor gesehen, allen fremd?
Vielleicht entpuppt es sich als Nabulele,
das Untier der tiefen Wasserlöcher.
Oder als Makhanda-mahlanu, die Schlange mit fünf
Köpfen, die als Wirbelwind kommt.

Oder als Gilikankqo,
Das Untier, dessen Höhle niemand kennt.
Sein Körper raucht wie ein Feuer,
Sein Körper brennt wie eine Flamme.
Es spuckt Funken, als wär es eine Dampfmaschine.
Es schleudert Blitze wie der Himmel.
Ehre sei Dir!

Hier kommt der Prinz von Britannien!
Nachkomme des weiblichen Büffels, Victoria! –
Die junge Frau, die ein Gott ist im Lande der
Schwarzen.
Geistergleich, Priester des Krieges, Zauberer,
Hier kommt der junge Sohn Georgs V.;
Aus dem Königlichen Haus, kommt ein Junge zu
Männern.

Dung-Farbiger, dessen Auge Blitze schleudert.
Wenn er dich mit seinem Blick berührt, erblindest du.
Der Dung-Farbige, er ist ein – unmöglich zu sagen was, wenn man ihn ansieht –
Seine Augen sind wie lebendige Wesen, wenn sie dich ansehen.

Niemand kann das Kalb des wilden Tieres ansehen –
Die es versuchten, brachen bewußtlos zusammen.
Hier kommt das Junge des rohen Dungs, des alten Dungs aus königlichem Stamm.
Hier kommt er in Schwingen und Federn,
Hier kommt er in seinem Glanz und trägt das Gras der Eingeweihten.
Hier kommt er, mit Wichtigkeit bekleidet und juwelengeschmückt.
Hier kommt er, duftend von Parfum, im Wohlgeruch der Minze und Gras-Halsbänder, nach dem heiligen Tambuti riechend.
Hier kommt er mit der Kraft des Leoparden, des Löwen.
Hier kommt er in Seide und feinen Roben.
Ehre sei dir,
Philister durch und durch!

Heil Großbritannien!
Großbritannien, dem die Sonne niemals untergeht;
Was sollen wir anfangen mit diesem Prinzenkind?
Was sollen wir anfangen mit diesem Sohn des Königs?
Antwortet ihre Berge in unserem Land.
Und ihr, Flüsse unserer Heimat, sprecht!
Bringt ihn her, Wellen der See!
Wellen der See, tragt ihn ans Land,
Damit wir ihn sehen und genau betrachten können.

Ein Stern schoß einmal nieder hier:
Ist er vielleicht auf seiner Spur?

Der Stern kam zu den Leuten von Phalo, dem Sohn
des Tshiwo,
Zu den Zulus, den Sothos, den Swazi, den Tswana;
War ein Pilger zu der Bruderschaft der Schwarzen.
Denn Jehova, der Herr regiert –
Er spricht von Seiner Schöpfung,
Er treibt Seine Zeit voran.
Heil, Licht, das strahlt,
Bist du gekommen, um deinen Stern zu holen?
Wir sind eine Nation, die Sterne unter sich verteilt.
Dort drüben ist der Morgenstern – der Stern deines
Volkes.

Wir aber binden uns aneinander mit den Sternen des
Juni, dem Monat des Pflügens.
Den Sternen, nach denen wir die Jahre zählen, die
Jahre unseres Volkes.

Hayi, das mächtige Großbritannien!
Hier kommt es mit Bibel und Branntwein,
Hier kommt es, ein Missionar begleitet von einem
Soldaten
mit Pulvern und Gewehren
mit Kanonen und Revolvern.
Vergib, Vater, aber was davon sollen wir annehmen?
Zieh vorbei, Kalb des Untiers,
Trampelndes Tier, das sogar jetzt noch alles zertritt,
Zieh weiter und kehre sicher heim – Fresser der
Erbschaft unseres Landes.
Lang lebe der König!
Ich habe genug über ihn gesagt, ich will nichts mehr
sagen,
Wie der niederschießende Stern, den wir einst sahen.

R. M. TSHAKA

Afrika

Maye, Vater, was können wir über Afrika sagen!
Afrika, Land, in dem wir geboren sind.
Wie können wir sagen, was wir für Afrika fühlen!
Afrika! Awu, Afrika Afrika!

Die jungen Völker schauen auf dich herab,
Aber alle Nationen weinen um dich.
Schönes Land, wir fühlen mit dir,
Afrika! Awu, Afrika Afrika!

Deine Zukunft ist im Nebel verhüllt,
Schande, Tränen und Blutvergießen.
Der Reichtum der Gegenwart ist Kampf und Verwirrung.
Afrika! Awu, Afrika Afrika!

Sieh, das Haus des Vogels wird überfallen,
Die Katze knurrt darüber.
Sieh, wie die Jungen sich fürchten.
Afrika, Awu, Afrika Afrika!

Die Krallen brechen ein, die Schnauze verschließt den Eingang,
Welche Hoffnung gibt es noch, da er verschlossen ist?
Was für ein Glück, solange die Krallen im Nest?
Afrika! Awu, Afrika Afrika!

Die Wölfe geben auf und gehen nach Hause.
Sie überlassen die Felsen dem Wind.
Hier sind wir geboren, hier erzogen.
Afrika! Awu, Afrika Afrika!

Da du unser bist, werden wir immer um dich weinen.
Da du unser bist, werden wir uns immer nach dir sehnen.
Da du unser bist, werden wir immer für dich beten.
Afrika! Awu, Afrika Afrika!

JAMES J. R. JOLOBE

Wie man zum Knecht wird

Ich kann nicht länger fragen, wie man sich fühlt,
Wenn man unter das Joch gezwungen ist.
Ich habe die Antwort gefunden bei dem in Ketten gefesselten Stier.
Meine Augen sind nicht mehr blind. Ich weiß Bescheid.
An dem jungen Stier unter dem Joch
Habe ich erkannt, wie man zum Knecht wird.

Gesund war er und schön, für die Freiheit geboren.
Unabhängig war er, einfach stolz ein Stier zu sein.
Da sagte jemand: Wir wollen ihn fangen und abrichten.
Dabei tat er, als wollte er dem Stier helfen.
An dem jungen Stier unter dem Joch
Habe ich erkannt, wie man zum Knecht wird.

Er wollte widerstehen, kämpfte um seine Freiheit.
Er wurde überwunden und eingesperrt durch Umsicht und Erfahrung.
Sie bezwangen ihn mit einem Schwindel: »Man muß ihn ausbilden.«
Ein harmloses Wort kann die schlimmste Absicht tarnen.
An dem jungen Stier unter dem Joch
Habe ich erkannt, wie man zum Knecht wird.

Er wurde mit Seilen gebunden. Die schnitten in den Kopf.
Er wurde bedroht und getreten, und hin und wieder gestreichelt.
Doch ihre Absicht blieb immer dieselbe: Ihn unter das Joch zu bringen.
Zu eigenem Vorteil ausgebildet werden nur die Privilegierten.
An dem jungen Stier unter dem Joch
Habe ich erkannt, wie man zum Knecht wird.

Schließlich steht er unter dem Joch.
Sie schnüren ihm das Halfter um den Nacken und zwingen ihn leicht.
Sie sagen: Das ist getan. Jetzt soll er arbeiten wie die anderen,
Dem Willen gehorchen seines Besitzers und Zuchtmeisters.
An dem jungen Stier unter dem Joch
Habe ich erkannt, wie man zum Knecht wird.

Er schlägt aus, er will davon.
Sie sprechen mit ihren Peitschen. Er wendet sich gegen sie,
Tut sein Bestes sich zu widersetzen. Sie sagen: »Schlag ihn.«
Ein Gefangener ist für den Feigling ein Spielzeug.
An dem jungen Stier unter dem Joch
Habe ich erkannt, wie man zum Knecht wird.

Obwohl er stolperte und fiel, kniffen sie ihn in den Schwanz.
Manchmal sah ich ihn mit den Hörnern
den Jochgenossen stoßen – den Freund vor einer Minute noch, den Blutsbruder.
Das Blut wird böse durch das Leiden unter dem Joch.
An dem jungen Stier unter dem Joch
Habe ich erkannt, wie man zum Knecht wird.

Der Himmel schien schwarz, als weicher Regen fiel.
Ich sah auf seinen Rücken, er war rot.
Blut rann herunter, Zeichen seines Widerstands.
Er sehnte sich heim, wo er frei gewesen war.
An dem jungen Stier unter dem Joch
Habe ich erkannt, wie man zum Knecht wird.

Ganz still, müde war er. Es gab kein Mitgefühl.
Er brüllte Gesänge der Bitterkeit.
Sie lockerten ihm den Halfter ein wenig, damit er Luft bekam.
Sie zogen ihn wieder fest und schnürten den Atem ein.
An dem jungen Stier unter dem Joch
Habe ich erkannt, wie man zum Knecht wird.

Später sah ich ihn abgerichtet und gebrochen
Einen doppelseitigen Pflug durch tiefe Erde ziehn.
Unter Schmerzen dienend, rang er nach Luft.
Tot ist, wer getrieben wird. Nur wer selber handelt, lebt.
An dem jungen Stier unter dem Joch
Habe ich erkannt, wie man zum Knecht wird.

Die steilste Straße sah ich ihn erklimmen,
Schwere Lasten trug er, brach beinah zusammen.
Ein Dreck der Schweiß, der den Gewinn für andere schafft.
Der eigne Anteil an der Ernte erst würzt die Arbeit.
An dem jungen Stier unter dem Joch
Habe ich erkannt, wie man zum Knecht wird.

Im Schweiß sah ich ihn hungernd schuften,
Die Augen voll Tränen, der Wille gebrochen,
Die Kraft zum Widerstand verlorn. Er war zahm.
Hoffnung liegt im Handeln für die Freiheit.
An dem jungen Stier unter dem Joch
Habe ich erkannt, wie man zum Knecht wird.

S. J. YAKO

Das Land bekam Zäune und wurde kleiner

So sagten wir Erben des Landes,
Obwohl es längst nicht mehr unseres ist.
Gefaltet wird dieses Land wie ein Tuch,
Bis es klein ist wie die Fläche einer Hand.
Der Wildstier wird sich im Zaundraht verfangen.
Zu schwach, um weiter frei zu tanzen, wird ihn
der Tanz im Joch vor dem Pflug erschöpfen.
Zusammenpferchen werden sie uns wie die Kaulquappen
im Schöpflöffel einer Kalebasse. Papier
Wird der Brautpreis für unsere Mädchen sein,
Scheine, die kommen und gehen, kommen und gehen.
Blut soll nicht mehr vergossen werden, behaupten sie
Heute, um verschiedene Völker zu einen.
Bis wir uns nicht mehr um einander kümmern
Wie die Kuh, die ihr Kalb leckt,
Wenn Liebe und Natur sie treiben.
Kann Geld die Menschen verbinden?
Ja, und zwar so, daß der Vater sich mit der Frau seines Sohnes einläßt,
daß der Sohn die Mutter seiner Frau nicht mehr achtet.
Ja, und zwar so, daß wir die Knie anziehen.
Wir können die Beine nicht mehr strecken,
Eingezäunt ist das Land.

M. E. NYOKA

Wo, wo ist es?

Ich warte, sage nichts, wenn ich auch staune.
Lange Zeit habe ich nur gesessen und zugesehen.
Meine Tasse scheint leer zu sein, ausgetrunken,
Und die Sonne verbrennt mich.
Wer kann mich hindern, das zu sagen?
Sogar die weißen Männer, die Wunder verrichten, haben es gesagt.

Wo ist mein Leben?
Wo ist mein Stachel?
Sagt es mir, ich bitte euch, ihr Zauberer,
Heilige Auguren, deutet die Omen.
Die große Arterie, die die Stärke der Seele zeigt,
Ist ausgedörrt, dünn wie gespanntes Leder.
Die Zeiten ändern sich, genug mit dem Versteckspiel!

Der Krieger mit seinem Dolch wird alt und schwach,
Kraftlos liegt er da.
Ohne Bewegung sogar, wenn er mit Stangen gereizt wird.
Oh, sein Unglück hat einen großen Namen!
Warum, Welt,
Warum einen so großen?
Du hast so viele Schätze.

Ich war wie die Giraffe,
Ungebändigt, ein junges Tier,
Das das Joch zerbricht,
Die Ketten wie Metallsplitter verstreut.
Aber heute – Ich falle,
Verletzt, verwundet, gebrochen.

Wo ist dieser Stolz geblieben?
Wo sind sie hin, meine tierwilden Tage?
Einst habe ich meinen Gott gesehen,
Einst habe ich meinen König gekannt.
Heute ist das alles ein Traum,
Mein Sinnieren ergibt keinen Sinn.

Diese große Schwäche, die mich niederschlägt,
Ist mein Los.
Sie ist hier.
Doch ich kenne meinen Ursprung nicht, noch den Grund meines Daseins.
Wir keuchen, wir fallen in Ohnmacht, wir vergeuden die Herrlichkeit und Barmherzigkeit Gottes.
Wo bist du denn, Vater?
König, bist du noch unter den Lebenden?
Wo ist deine Majestät, deine Göttlichkeit?
Sind deine Fülle und deine Vollkommenheit mir nur verborgen?
Wo ist die Stärke deines Geistes und deine Herrlichkeit?
Gibt es sie wirklich? Welche Farbe haben sie?

Es gibt heiße Winde,
Die die Nation und ihre Menschen ausbrüten,
Das macht nur krank,
Ist bitter in der Galle des Geistes.
Erstickt, nein, ertränkt ihn.
Bist du ein Gott, der ist,
Emmanuel?
Aber warum ist dann heute alles wie es ist?
So daß das Herz verbrennt?
Es hat sogar seinen Thron ins Herz gebaut,
Einen Thron wie einen Schweinestall.
Sogar die Scheißhäuser sind schöner.
Ayi! Die Entnervung unter diesem Gewicht.
Das Alter, mein Volk, was ist das?

Ist es nicht ein Gift, das die Kraft aufzehrt?
Eine Sudelgrube, ein Loch, das das Blut der Jugend trinkt.
Und alt werden, was ist das?
Ist es nicht Tränen und Schmerz?
Das rohe Kreuz der Seele?
Was ist die menschliche Existenz, was ist das Leben?
Ist es nicht eine Krankheit, die schon der Tod ist?
Gibt es eine Decke, die uns erstickt?
Ist es nicht die Decke des Alters?
Die Decke, die das Glück auslöscht, die Phantasie kahlfrißt.
Das ist die Decke, die den Stolz zerdrückt, den Ehrgeiz auslöscht.
Die Decke, die den Widerstand in Ketten legt,
Die das Rückgrat des Mannes auf der Höhe seines Lebens bricht.
Stachlig, roh –
Ayi! Diese Decke wird mir zuviel.
Das Leben erlischt hinter seinem dunklen Vorhang.
Hart ist das Alter für jeden, der von einer Frau geboren ist.
Diese Wahrheit wurde schon unseren Vorfahren geoffenbart,
Wurde überall in der Welt erkannt.
Sie macht Glück unmöglich,
Erstickt es, spießt es auf einen langen Speer.
Wirft es auf den Rücken,
Schlägt es auf die Glatze,
Peitscht ihm sogar den Hintern,
Bis es auf den Hinterkopf fällt – das Glück!
Gedroschen wird es, Schlag auf Schlag, bis es zerquetscht ist und unbrauchbar, wie ein Teig.
Es ist zuviel! Diese Schlange!
Es verfolgt uns wie ein Hund den buschigen Schwanz des Wildes,
Es saugt aus, was in meiner Brust ist, und läßt mich hohl wie eine Blechtrommel.

Angefangen hat es mit ihrer Intelligenz und Technik.
Längst haben sie ihre heiligen Ursprünge vergessen.
Sie schauen auf die herab, die nichts haben.
Sie haben ihre Anfänge vergessen.

Ich frage mich dann, mein Volk –
Wo ist das Glück, die Frische, die Herrlichkeit?
Wohin sind diese heiligen Güter gesunken?
Vater, Richter und König,
Öffne mir diese Pforten des Himmels,
Gedenke meiner in dieser felsigen Wüste der Vergessenheit.
Sprich zu mir mit Verständnis,
So daß ich mein Erbe finden kann.
Ich meine,
Wende mich nach Hause, Heilige Dreifaltigkeit,
Rette mich, Herr.

ANONYM, ZULU

Kommt nach Hause

(Gesang der Bergarbeiter)

Kommt, laßt uns gehen, meine Brüder,
Laßt uns nach Hause gehen.
Kommt, laßt uns gehen,
Damit wir die kleinen Hügel am Tugela wiedersehen.
Zu lange haben wir tief in den Bergwerken gearbeitet.
Vor einem Menschenalter haben wir unsere Heimat verlassen
Für diesen Ort, für diese Goldstadt.
Wenn wir heimkommen, erwarten sie uns.
Die Mütter freuen sich, wenn wir über die Schwelle treten.
Nach Hause, heim, zu uns nach Hause.
Kommt, Brüder, laßt uns nach Hause gehen.

O kehrt zurück, verlaßt die Goldstadt,
Laßt das Leben der Großstadt hinter euch,
streichelt eure Kinder,
liebt die Nachkommen des Vorvaters.
In die Hände klatschen sie
Und glücklich begrüßen sie uns,
wenn wir kommen.
Sie warten auf uns dort zu Hause.
Kommt, kommt, kommt.

ANONYM, ZULU

Lalela Zulu

Hört ihr Zulus,
hört, was die Leute mir erzählen
über dieses unser Land.
Wir hören, wie die Sippen plappern,
plappern über dich
wie viele Vögel.
Vögel sagen wir und meinen die Goldfinken,
die unsere Kornfelder leergefressen haben,
die Kornfelder von Dingana und Senzangakhona.
Ha! sie haben sie ratzekahl gefressen!

BENEDICT WALLET VILAKAZI

Weil

Nur weil ich lächle und lächle
und Glück meine Maske ist
und mein Gesang melodisch und laut,
obwohl sie mich nach unten schicken
in unglaubliche Regionen
aus blauen Felsen unter der Erde –
glaubst du, ich bin ein Torpfosten,
unempfindlich für schneidende Schmerzen.

Nur weil ich ein Lachen auf den Lippen habe
und meine Augen respektvoll niederschlage
die Hosenbeine bis über die Knie gerollt
mein dunkles Haar staubfarben
und voller Straßendreck,
meine Hände eine Hacke schwingen
und das Hemd mir hochgerutscht ist –
denkst du, ich bin ein Stein
und wüßte nicht, was es bedeutet zu sterben.

Weil ich bei Einbruch der Dunkelheit
die Ketten meines langen
Arbeitstages löse,
mit meinen Brüdern zusammenkomme
und den Boden stampfe im Stammestanz,
wir Lieder singen aus alten Zeiten,
die unser Blut in kämpferische Wallung bringen
und unsere Sorgen vertreiben –
denkst du gleich, ich bin ein Tier,
das sich vermehrt und stirbt.

Weil ich auf dich wie ein Dummkopf wirke,
vernichtet von soviel Unwissenheit,
und die Gesetze weit über meinem Kopf sind,
die mich nur ausrauben,

weil das Haus, das ich mir selbst gebaut habe
unter dem überhängenden Felsen,
eine Hütte ist aus Gras
und meine Kleidung ein leerer Sack –
denkst du, ich bin nur ein Termitenhaufen
und habe nicht eine Träne,
die mir aus dem Herzen rinnt
über die reinen Hände der Schatten der Ahnen,
die alles sehen.

In den Goldbergwerken

Dröhnt weiter, Maschinen in den Goldbergwerken,
Donnert vom ersten Morgenlicht bis Sonnenunter-
gang:
Ach, hört auf mich zu quälen, ich wache schon auf.
Dröhnt weiter, Maschinen und ertränkt
Das Stöhnen der schwarzen Arbeiter,
Deren Körper unter pochenden Striemen schmerzen,
Geschlagen von dem dumpfen Dröhnen erstickender
Luft,
Auf den Gliedern Gestank und Schweiß und
Schmutz:
Verdorrt die Stärke ihrer Lenden.

Ruf in die Weite, alter Förderturm.
Wo du geschmiedet wurdest, ist weit von hier.
In der Hochofenflamme wurdest du geschmolzen,
Aus Asche auferstanden, verschifft.
So sahen wir dich die Meere überqueren.
Die Eisenbahn schleppte dich über Land,
Keuchend kam sie hier nach Goli (Johannesburg).
Was für ein Geschrei du erhoben hast. Die Felsdachse
Kamen aus ihren Löchern neben den Schienen.

Die Felsdachse, ja, schwarze Männer, gehäutet,
Schwanzlos auch. Alle hast du sie eingesammelt,
In das Loch hinuntergeschickt und weißgeblutet.
Dreht euch weiter, ihr eisernen Förderräder,
Nicht euch geben wir die Schuld. Ihr wurdet für uns gebracht,
Gegen euren Willen hier eingekerkert.
Rollt weiter auch heute und schleppt ohne Unterlaß,
Dabei sah ich einige von euch ganz verrostet
auf dem Müllhaufen.

Wenn ich hier die Straße gehe,
Drehe ich mich um, blicke zurück
und stelle mir vor, daß ihr anfingt zu brüten
vielleicht und euch vermehrtet zu Schwärmen. Aber nein!
Diese Männer, eure Brüder, rosten auch,
Eingefangen und in den Bergwerken festgehalten.
Krank zerbröckeln ihre Lungen,
Sie husten, sinken nieder und sterben.
Warum sehen wir euch nie husten?
Ich habe gehört, da unten in den Schächten
Leben ganze Völker von Schwarzen.
Diese Männer häufen die weißen Dünen auf,
Die die zornigen Geister verwundern.
Eine Geschichte wird erzählt über die Bergwerksmaschinen:
Als sie schrien, hat eine kleine schwarze Maus
Betäubt und verwirrt aus ihrem Loch gelugt.
Gefangen verwandelte sie sich zum Maulwurf, der
Sich in die Erde grub. So wurde der Glanz des Goldes entdeckt.

Ja, diese Grabenden wühlten sich unter die Erde,
Sandten riesige Mengen Abfall herauf.
Tiefer wühlten sie, und höher häufte sich der Boden.
Schon die Hügel von Isandlwana überragt er heute.
Ich steige hinauf und wische den Schweiß aus den Augen.

Hier auf dem Gipfel, mit beschatteten Augen,
Beobachte ich die Staubspiralen, die rauchweiß
weben und schweben unter meinen Füßen,
Sehe sie die Welt auslöschen.

Dröhnt weiter, Maschinen der Goldbergwerke,
Donnert, klirrt lauter, schallt tiefer,
Alles betäubt mit eurem Lärm, daß wir ungehört bleiben,
Auch wenn wir ständig stöhnen und schreien
Und ihr uns die Glieder annagt.
Tutet eure Verachtung, alte Maschinen,
Lacht uns aus unter unserer Last.
Unermeßlich ist eure Macht und schrecklich.
Ihr geht den Weg, den ihr wollt, wir nur gehorchen.

Nachgebend haben wir unsere Strohdachhütten verlassen,
verlassen unser dunkles Korn, die Sauermilch und die Milch.
Hier wurden wir zusammengetrieben wie Jochochsen,
Werden gefüttert mit fremdem Mischmasch von Haferbrei.
Dahin ist der Stolz auf unsere Familien, Kinder sind wir.
Die ganze Welt steht offensichtlich kopf.
Im Morgengrauen werden wir geweckt, in eine Reihe gestellt!
Hast du schon von einem Mann gehört, der, einmal begraben,
Mit offenen Augen lebend steht?

Donnert, Maschinen der Goldbergwerke,
Ich bin wach, nicht krank, ich wanke nicht.
Wieder fahre ich heute in die Tiefe
Und treibe den Schlagbohrer in den Felsen.
Auch du, oben am Schachtkopf, der du nichts weißt von mir,

Wirst sehen, wie gut ich den Schlaghammer
des Weißen Mannes gebrauche tief unten, wenn
Die Steinloren heraufkommen und die Schalen,
beladen mit weißem Fels und blauem Erz.

Eine Hacke in der Hand,
Eine Schaufel über der Schulter,
Die Füße in eisenbeschlagenen Schuhen,
Wird mein Bruder mitkommen.
Mir folgend wird auch er hinunterfahren.
Mit einem Biß verschluckt uns die Erde.
Wenn ich tief unten sterben sollte,
Was macht das schon? Wer bin ich denn?
Tag für Tag, armer Leidender, fallen Männer,
stürzen tot um, während ich sie beobachte.
Solche Türme gab es noch nicht zu erklettern,
Als ich das erstemal in die Erde stieg.
Doch erinnere ich mich, wie schlecht es mir ging.
Meine Sachen packe ich und gehe nach Haus, dachte ich.
Aber da – Ruinen und leere Felder starrten mich an.
Ich kratzte mir den Kopf und ging in eine Hütte.
Wo ist meine Frau, wo sind ihre Eltern? fragte ich.
Sie sagten: Der Weiße hat sie zur Arbeit geholt.
Ich schwieg, der Mund war mir mit Stille vernäht.

Dröhnt weiter, Maschinen der Goldbergwerke,
Wenn auch aus der Ferne, in die Vorstadt der Schwarzen,
Schlägt eure Stimme mir die Seele wund.
Wie sie keift und klirrt in meinen Ohren,
Wie Bronzeglocken von weit her.
An große Kamine erinnert sie mich,
An den Reichtum derer, die ich reich gemacht habe.
In wohl ausgestattete Zimmer treten sie, während ich hierbleibe,
Ausgepreßt, saftlos wie das Fleisch eines toten Ochsen.

Nicht so laut hier, ihr Maschinen;
Wenn die Weißen auch ohne Mitleid sind,
Müßt ihr, aus Eisen, mich so behandeln?
Hört auf zu donnern dort in den Bergwerken
Und hört kurz zu, was wir euch zu sagen haben,
Damit nicht wir eines Tages ohne Mitleid sind,
An dem schönen Tag, der kommen wird,
Wenn wir aufstehen und sagen: Ihr Dinge aus Eisen
Ihr seid jetzt unsere Sklaven, Sklaven der Kinder der Schwarzen.

Seid vorsichtig, obwohl ich heute nicht bewaffnet bin.
Es gab eine Zeit, da diese ausgezehrten Arme
Speere mit langen Klingen sehr weit warfen;
Ihr Flug verdüsterte die Erde;
Sie erschütterten das Imperium der Elephantin
Und trafen Pauls Buren – dann wurde ich niedergeworfen.
Doch ständig träume ich, Kind aus Eisen, daß eines Tages
Diese Erde meiner Väter den Schwarzen
Wiedergehört, den rechtmäßigen Eigentümern.

Heute habe ich keinen Platz, an den ich mich legen kann,
Unter dem Schatten des Reichtums der Menschheit.
Die Erde meiner Väter liegt lange schon brach
Und ungepflügt; hier sitze ich und starre auf sie.
Selbst wenn ich das Geld aufbringen könnte,
Den Boden meiner Vorfahren zurückzukaufen,
Man würde das Recht dazu mir bestreiten.
Gott über mir, sei mein Zeuge! Geister der Verstorbenen,
Könnt ihr den Übeln kein Ende setzen?

An dem Ort der dahingegangenen Toten,
Wohin die zahllosen Toten unserer Rasse geholt sind,
Sagen sie: deine Macht ist unbesiegbar,
Wenn du die Stimme zu Gott erhebst,
Der nicht auf die Farbe der Menschen achtet.
Das Blut aus meinen Adern fließt über die
Sonnenverbrannte Erde, gerinnt und stockt,
Während ich weiter schufte und mein Gebet zu dir
sende.
Als Antwort höre ich nicht den geringsten Laut.

Dies unser Vaterland wird heute wie gestern
Von fremden Eroberern ausgeplündert.
Von dem Raub an unserer Nation wurden sie reich.
Ich jedoch und diese meine Familie,
Die wir schwarz sind, haben nichts und wieder nichts.
Wir kommen an die Oberfläche, und wir sehen das
Gras
Grün bis an den fernsten Rand des Himmels,
Wir starren um uns und rufen laut:
Wo! Wieder antwortest du nichts.

Donnere weiter, Maschine des Goldbergwerks,
Meine Hände mögen von Schmerzen zittern,
Meine Füße in den Stiefeln geschwollen sein und
stechen,
Ich habe keine Salbe, um sie zu pflegen.
Die Weißen verlangen Geld für die Medizin.
Brülle weiter, nur hör auf, die Ohren zu verletzen.
Ich habe meinen weißen Herrn gut gedient,
Und nun ist mir die Seele schwer.

Lauf langsam, laß den Schlaf zu mir und mich ver-
zaubern,
Tiefen Schlaf, der meine Augen versiegelt,
Damit ich nicht länger an Morgen und die
Dämmerung denken muß.

Komm, Schlaf, erlöse mich, daß ich auferstehe weit weg,
Weit weg am uralten Geburtsort meiner Rasse:
Schlaf und Träume, aus denen es kein Erwachen gibt,
Umfangen von den Armen meines verschwundenen Volkes
Unter den grünen Hügeln des Himmels.

DENNIS BRUTUS

Kälte

der feuchtkalte Zement
saugt an unsern nackten Füßen

eine rheumatische gelbe Birne
beleuchtet eine feucht-graue Wand

das Stoppelgras
naß vom Dreiuhrtau
ist schwarz mit glitzernden Kanten

wir sitzen auf dem Beton
stopfen mit unsern Fingern
den zuckerlosen Papp
in unsere Münder

dann stehen wir mühsam auf

bilden Reihen:

stählen uns durch Mut
oder nehmen unser Bild an
starr, resigniert

der grauhaarige Oberwächter erklärt:
»Für Dinge wie diese
habe ich keine Zeit;

sie sind schlimmer als Ratten;
man kann sie nur erschießen.«

Über uns
das große frostige Glitzern der Sterne
niedrig blüht das Kreuz des Südens

Die Ketten an unsern Füßen
und Handgelenken
die uns paarweise verbinden
klirren

glitzern.

wir beginnen
          mühsam
uns zu bewegen.

Colesberg

Briefe an Martha

Im Gefängnis
werden die Wolken wichtig
und die Vögel

Mit dem kleinen Stückchen Himmel
ausgeschnitten von Wänden
trüber Feindseligkeit
und bedrückt von feindlicher Gewalt
wendet sich der Geist nach oben
wenn er kann –

– da gibt es keine Hoffnung
die Sterne zu sehen:
die Bogenlampen und Neonlampen
haben sie ausgelöscht –

die komplizierten Flugmanöver
der Vögel und
ihre überschwengliche Akrobatik
werden Themen fesselnder Spekulation
und Verwunderung

Phrasen über die Freiheit der Vögel
und ihre völlige Sorglosigkeit
gewinnen Bedeutung

und die anmutige ungehinderte Bewegung der
Wolken
– eine Art Musik Lyrik Tanz –
erregt zarte Rhythmen zitternd im Körper
und Phantasien ziehen leicht durch den Kopf:
– wo ziehen sie hin
wo werden sie sich auflösen
werden sie von denen zu Hause gesehen
und wen werden sie entzücken?

Meilen

Meilen meiner vertrockneten Erde
krächzen wie Raucherhusten und sehnen sich nach
Hitze, nach Hungerschmerzen in deinem staubigen
Dunst
seufzen, wogen, zittern;

alle meine verbrannten Augen streicheln deine
Meilen –

Felsen, die Blasen werfen, verbrennen, rosten –
aneinandergereihte vertrocknete Weiten von
vernarbtem Sand;
überreden deinen graubraunen Sand zu Pastellfarben

und wissen die Zärtlichkeit
dieser meiner ausgestreckten Hände
kann Feuchtigkeit herbeizaubern, Freundlichkeit
und Honigsüße aus deiner sehnsuchtsvollen Leere.

Unterwegs

Sechzig in einen Lastwagen gepfercht
saßen oder kauerten, hingen oder hockten wir
warme Schultern, Hüften, Ellbogen, Knie
quetschten und stießen uns in der Dunkelheit vor
Morgengrauen
in gekrümmte Stellungen gezwungen von den Ketten
sprachen wir, lachten, erinnerten uns, erzählten
Geschichten
munterten uns mit mutigen Ermahnungen auf
oder wurden still wenn scheußliche Ahnungen unser
Herz bedrängten:
und plötzlich flammte der Rand des Himmels in Feuer
und Blut
und aus der Dämmerung blühten freundliche
Gesichter.

Altes Fort

Sie setzten den Laster zurück
bis an das riesige Tor in den massiven Mauern,
während eine Menge –
versammelt aus anderem Grund –
uns umdrängte.

Dann durch das Fort:
Verwinkelt und geschachtelt, mit Schießscharten,
wie das traditionelle Fort
– geschichtliches Denkmal, ohne Zweifel,
für Kriege, an die ich mich mit Abscheu erinnere.

Auf dem Paradeplatz im Innenhof
müssen wir uns in Ketten auf den Kies hocken,
in die Sonne, die uns langsam brät,
und auf Mais warten
oder zu dem Topf in der Ecke humpeln,
während ein betrunkener schwarzer Wächter
einen Streit vom Zaun zu brechen versucht.

(In einem spiegelnden Fenster
entdecke ich die Schreckgestalt meiner selbst)

Das alte Gebäude
mit den Verzierungen einer vergangenen Zeit
roch nach Alter, stank nach Geschichte

Geschichte waren auch wir.

Für einen toten Afrikaner

(John Nangoza Jebe: von der Polizei in der Karfreitagsprozession 1956 in Port Elisabeth erschossen.)

Wir haben keine Helden und keine Kriege,
nur Opfer eines kranken Staates,
erliegend den vielfarbigen Beulen,
die unter dem peitschenden Regen des Hasses
erblühen.

Wir haben keine Gefechte und keine Schlachten,
damit die Geschichte sie mit einer dummen
Bemerkung verzeichne,
nur Gefangene, getötet in augenlosen Nächten,
und zufälliges Sterben im Verborgenen.

Aber wird die Liste derer einmal aufgerufen,
die starben, um unser Land zu befreien, dann werden
diese Namenlosen ohne Waffen selbstverständlich
neben den bewaffneten Siegern stehen.

Wieder beginnen die Geräusche

Wieder beginnen die Geräusche;
die Polizeisirene in der Nacht,
das Donnern an der Tür,
das Kreischen der Nerven vor Schmerz.

Dann das stechende Crescendo
schmerzsplitternder Gesichter,
die wortlose endlose Klage,
die nur die Unfreien kennen.

Zudringlich wie Regen
atmen die Kränze ihr Weh
über den Sirenen, den Fäusten, den Stiefeln:
beginnen meine Geräusche wieder.

Die Guerillas

(Für die Männer, die im südlichen Afrika kämpfen)

1
. . . und ich liege mit dem Körper an den leichten Ton geschmiegt,
und er liegt mir die Hüften und Schenkel entlang
wie die nachgiebige Festigkeit deines warmen Fleisches:
mein Körper schmilzt mir vor Zärtlichkeit von den Knochen,
während glasharte Dornenzweige den klaren Himmel durchstechen,
während entfernte Geräusche – kreischende Vögel – Fehltritte – knacken wie zertretene Zweige
und Ameisen über die sanfte Kurve des Tons eilen.

2
. . . die Vögel ziehn in großen Kreisen durch meinen Sinn,
Durch einen Vorhang aus Schweiß schlägt Hitze die Augen,
der salzige Mund ist mit Durst und anderem austapeziert.
Bald werden Hitze und Müdigkeit
den steifen, gespannten, schmerzenden Nacken nach unten zwingen.

3
. . . das Gefühl einer versäumten Gelegenheit gleicht einem Regenguß,
der fortzieht und schmerzende Leere zurückläßt,
während die großen Ameisen über das zerrissene Fleisch und die schwarzen Streifen aus verkrustetem Blut kriechen.
Wer bricht einmal durch die Barrieren
von gleichgültigen Knochen und sturem Fleisch

durch die grauen Wellen von Zeitungsbrei?
Oh, meine Freunde, wo sind die Stimmen, eure Sache
zu verteidigen,
die eure Opposition hinausbrüllen,
die euer Heldentum verkünden?
die die Worte eures tapferen Entschlusses sprechen,
den ihr lebt und sterbt.

Schließlich ist es ein Vergnügen,
eine kühle brauchbare Waffe zu bedienen
ganz modern, vollautomatisch,
und wegzugehen, schußbereit –
man wünscht, zu Hause könnten sie einen sehen – die
Freunde
vor allem die Kinder,
und sich Taten aus Flammen und Terror vorstellen
– Terror aus dieser Waffe, schrecklich und kalt.

5
Erst einmal ist es ein Job, der getan werden muß,
unter Drill, dem man gehorcht, der auszuführen ist
der Feind ist ein berechenbarer Faktor
oder eine so gefährliche Bestie, daß er zuerst sterben
muß:
aber manchmal kommt der Gedanke an zu Hause
die zornige Sehnsucht des Exils
und der fruchtbare Wille, ein böses grausames Ding
zu zerschlagen.

BREYTEN BREYTENBACH

Brief aus der Fremde an die Schlächter

(für Balthazar)

Der Gefangene sagt
jetzt weiß ich nicht
ob der liebe Heiland gebrüllt hat
aber eine erste Fliege vibriert
und brummt gegen die Scheiben
eine Blüte schaukelt in der Luft
an den Mauern glänzt das Blut
ein Menschenherz steht still vor Angst
daß diese Freude vergehen könnte
man sammelt diese kleinen Bestürzungen
als Wegzehrung für den plumpen grauen Menschen
den Gefährten, der schon im Körper hockt

der Gefangene behauptet
Li Schang-jin hat vor Löchern für den Regen gewarnt –
»Laß dein Herz nie mit den Frühlingsblumen
aufgehen:
Ein Zoll Liebe ist ein Zoll Asche«
ich hoffe du wirst meine grauen Knochen erkennen
im toten Feuer der Erde

aber ich werde reisen
ich werde meinen Körper auf das Oberdeck legen
um das Zittern des Schiffes in meinem Fleisch zu
spüren
die Taue die vorbereitet an ihrem kühlen Platz
schlafen
der Mast wird in der Bläue schwanken
die See wird sich bewegen die See wird riechen
die See wird voller Delfine sein
die Möwen werden über dem Herzen schwärmen
und dann wird es doch still werden im Licht
die Sonne wird mit dem Geräusch einer Sprache

jede Faser Sehne und Zelle vergewaltigen
aber ich werde auf eine Reise gehen

der Gefangene bekennt
wenn deine Träume schließlich zermalmt sind
und du fern von deinen Verwandten auf die Nachtverdunkelung wartest
wie der Tannenbaum schmerzlich nach Flammensegeln verlangt
und die Klage ein weißer Wind durch den Wald zittert
um Montagmorgens verkrüppelt wie ein Rabe
an den Lippen des Ozeans zu hocken
dann bist du bereit
um bebend in der Erde
die Insekten zu füttern
um tief in der Erde Aussagen zu bezeugen
ich kann bezeugen
ich kann die Kleider von innen heraus beschreiben
die Mauern sind schwarz der Rotz ist von Gold
das Blut und der Eiter sind Eis und Beerensaft
draußen an den Bollwerken picken und picken die Vögel

Ich stehe auf Backsteinen vor meinen Mitmenschen
ich bin das Standbild der Befreiung
das mit Elektroden an den Hoden
Licht in die Dämmerung zu schreiben versucht
ich schreibe Parolen mit karmesinrotem Urin
Über meine Haut und auf den Boden
ich erwache
erstickt in den Tauen meiner Därme
rutsche auf Seife aus und breche mein Gerippe
ermorde mich selbst mit der Abendzeitung
taumle aus dem zehnten Stock des Himmels
auf die Straße zwischen Menschen in die Erlösung
und du, Schlächter

dem die Sicherheit des Staates aufgetragen ist
woran denkst du wenn die Nacht ihr Skelett zu zeigen beginnt
und der erste lallende Schrei aus dem Gefangenen erpreßt wird
wie bei der Geburt
mit den Flüssigkeiten des Gebärens?
bist du dann demütig vor *dem* blutigen Ding
mit all diesen menschenartigen zitternden Schocks
mit dem zerbrochenen Atem des Sterbens
zwischen deinen Händen?
wird dein Herz in der Kehle auch hart
wenn du die gelöschten Glieder anfaßt
mit denselben Händen die über die Geheimnisse deiner Frau streicheln

sag es mir, Schlächter,
damit die Erlösungslehre, die du im Namen
meines Fortbestehens ausüben mußt,
mir offenbar werde
in meiner Sprache

der Gefangene hat gesagt
ich will nicht drinnen sterben
draußen in der Wüste will ich erhängt werden
mein Herz gegen die Kälte des Tagesanbruchs gewendet
wo die Berge wie Fliegen an den Horizonten fressen
wo der Sand mit silbernen Zungen brennt
wo der Mond zerfallen wie ein Wrack
durch den blauen Rauch sinkt

sag es mir jetzt, Schlächter
bevor die Dinge ein Fluch werden
bevor du nur noch durch den Mund
von Gräbern
vor den wiederauferstandenen Gefangenen von Afrika plädieren kannst

Das Leben in der Erde

Überaus glückselig sind die Kinder von Dimbaza,
von Welcome Valley, Limehill und Stinkwater
    verreckt
an Krankheiten, Unterernährung, Armut –
denn sie reinigen dem Baas das Gesichtsfeld,
denn sie entkommen der Hölle,
denn sie verlassen das Gebiet des Buren
    – des Buren und seines Gottes –
    – die Hand von Gott –
denn ihnen wird das Leben erspart,
denn als Schwarzer leben, ist politisches Verbrechen,
denn ihr, die ihr schwarz seid, lebt
    im Land des Blutes
    und des Passes und der Schmach und des Hundes
    ihr beschmutzt die Erde der Buren

Überaus glückselig sind die Kinder von Dimbaza,
von Welcome Valley, Limehill und Stinkwater
    weggeworfen
in Löcher, Festplätze für Ameisen,
das schwarzgezahnte Lächeln –
denn sie bekommen Spielzeug und leere Milch-
flaschen,
damit die Gräber fröhlich werden,
Spielzeug und Silberpapier, das im Wind raschelt,
Milchflaschen – strohtrockene Zitzen – aus denen der
Wind
Klänge saugen kann,
um die Maulwürfe heranzulocken,
– denn Fleisch ist rar –
so daß die lieben Kleinen vergessen können
daß sie tot sind
überaus glückselig sind die Toten von Dimbaza,
von Welcome Valley, Limehill und Stinkwater
    gefressen
von der Erde, denn ihr Kommen und Gehen

ist diskret zwischen dem Mund und dem Löffel
ohne Flecken unter der Sonne zu lassen
Überaus glückselig und gesegnet und heilig sind die Maulwürfe
und die Würmer und die Ameisen
im Lande des Sonnenscheins,
im Lande des Buren,
im Lande, das der Herr ihm gegeben hat,
denn sie halten die Rasen sauber und fruchtbar,
so daß der Mensch blühen und gedeihen,
seine Früchte ziehen, sein Vieh vermehren
und schön und stark und weiß werden kann
seinem Gott zu Ehren.

Auf Wiedersehen, Kapstadt

Schwarzes Untier mit dem aufgetürmten Rücken: Berg
Hügel weißer Steine im Totenkleid: Stadt
Tischtuch aus feiner östlicher Atlasseide: Meer
Bergfestung ewige Halbwegstation junger Friedhof
Lochtier Brautschatz
wäre es mir erlaubt suchte ich außerhalb deiner Mauern nach einem Jonasbaum
wärst du eine Frau geriete ich außer mich über die
Gerüche deiner Pockenhaut und weidete mich an
deinen Schweißdrüsen

liebliche Urhure
Schlumpe Flittchen Schlampe Schickse
aber du bist noch nicht einmal eine Mutter
du bist ein Selbstmord bei einer Abtreibung
spritzwundes Wasser zwischen dem Kai und den Schenkeln dieses Schiffs

mein Kap, Menschenkap, Kapliebste, Herzkap
Als flüsternde Rose wollte ich dich besingen
aber du bist Mund und Zunge geblieben

Junger Gastarbeiter voll Staub und Ruß: Stadt
Luftlöcher Löcher Kräne Gesetzgeber: Berg
Scherben einer Weinflasche nach dem Geheul eines Trauerspiels: Meer
im Abstand jetzt reduziert auf ein pantheistisches Geräusch
mit einem langen Arm um Kampsbai
und das Malaienviertel an der gallenbitteren Titte
so hab ich dich gern
wie ich dich geträumt habe
schimmelnde Rose am Bein des Volkes
Meinkap, Gottkap, Liebkap, Kapherz
Als singenden Mund wollte ich dich besingen
aber du bist Wunde geblieben.

WILHELM KNOBEL

elegie auf drei paßträger

Herr X. hat sich ein neues spielchen ausgedacht
– nicht amtlich natürlich
so etwas geschieht niemals amtlich
das ist gerade der spaß daran –
und es wird sie freuen zu wissen
daß es keinerlei anstrengung erfordert
aufgehoben und anderswie
wie es übrigens der name bereits deutlich macht:
sardinchen-in-eine-büchse-packen
das rezept ist einfach
und die zutaten sind leicht zu beschaffen
darum können auch alle mitspielen:

ungefähr zehn sardinen mehr
als die vorgeschriebene zahl
(wohlgemerkt die paßtragende sorte
daran muß man sich halten)
eine büchse ohne lüftung
(an der luft verderben sardinen
wie jeder weiß
– zwar wurde kürzlich bei einem experiment
etwas ventilation zugelassen
aber die ergebnisse waren
wie zu erwarten
enttäuschend)
und nun zum füllprozeß
der eigentlich ein stopfprozeß ist
wenn man ihn genau betrachtet
dabei sollten keine probleme entstehen:
jedermann weiß daß
sardinen keine arme oder beine haben
man kann beinahe sagen sie sind genau dafür gemacht
daß sie leicht in eine büchse passen
weiterhin ist es sehr nützlich
daß sie im gegensatz zu menschen
ohne rücksicht auf ihre würde
(dieser begriff ist einem fisch fremd)
kopf an schwanz gelegt werden können
damit man möglichst wenig verschwendet
bei dem ersten dutzend ist das gar keine kunst
und einem kenner ist bewußt
daß sardinen vom teleologischen standpunkt aus
einfach in eine büchse gehören
danach erst wird der eigentliche spaß des spiels
deutlich
. . . aber wie man es genau macht
verraten wir nicht
um ihnen den spaß nicht zu verderben
höchstens können wir sie noch darauf hinweisen
– denn von selbst würden sie niemals
auf dieses diplomatische kunststück kommen

dazu ist eine jahrelange erfahrung notwendig –
daß sie auf keinen fall versäumen dürfen
den leidtragenden ihr herzlichstes beileid zu
versichern
wenn das spielchen vorbei ist
(denn im gegensatz zum landläufigen glauben
haben sardinen sehr wohl eine familie)
nur dann werden sie wirklich zufrieden sein
wenn das spiel anständig
unter befolgung aller regeln gespielt wird.

ARTHUR NORTJE

Fragen und Antworten

Der Bauch des Hais wird sichtbar wenn der
Gesang abbricht
und das Schilf das der Wind harfte
knickt.
Welcher Pfarrer der Niederländisch-Reformierten
Kirche hat die
unerhörte Frechheit den ausgeplünderten Kaffern
nicht zu entschädigen?
Ich fragte an den goldenen Portalen
und nicht einer antwortete mir, nicht einer.
Ich habe an den zerbrochenen Toren gefragt.

Nach dem Krieg, nach der Armut

Nach dem Krieg nach der Armut
sind wir Bilder geworden Nahrung für Kameras,
nutzlose Vogelscheuchen die das Korn bewachen.
Und die Toten weisen mit den Fingern auf ein
wachsendes Mädchen
Blechbüchsen wird sie um die Schultern
Bleibälle wird sie an den Zehen tragen

Wir sind gefangen
in farbigen Stellungen an den Eingängen zu den Slums
mit Wellblechgesichtern auf Kodakcolor festgehalten.
Das Informationsbüro sagt dir nicht
wer den Fußboden des Parlaments nach den großen unverständlichen
Debatten der Potchefstroom-Doktoren fegt:
die Farmer aus Bloemfontein haben mehr darüber zu sagen
wo ich wohnen und arbeiten muß als
die Nachkommen Adam Koks oder der Advokat Nelson Mandela
der wegen der goldenen Worte die aus seinem schwarzen Mund strömten
in einem Steinkäfig schmachtet und nicht einmal durch den
Hellespont nach Kapstadt schwimmen darf.

Ich bewege mich nicht auf die Erlösung zu
Ich bin davongelaufen vor diesen bekannten letzten Ölungen
die im Namen der Ehre meines Landes gespendet werden.
Ich habe die Herrschaft des Goldes verworfen
denn ich habe mit dem brennenden Teufel gelebt:
(Apollo wurde von den Herren gemartert
und die Schlüsselbewahrer des Königreichs
ließen uns Schalen und Pavianfleisch fressen
während sie den Nektar tranken)
Rimbauds Alpträume oder die Blumen des Bösen
die in den schwärenden Gassen von Johannesburg keimen
verkünden die Schwarze Messe die ich feiern werde
(und wer soll mich daran hindern, Charles Engelhard?)
Ich will mich nicht auf die Erlösung zubewegen
denn ich bin verpflanzt von hier nach dort

ausgewiesen in ein fremdes Heimatland
    (Von Kapstadt in die Transkei mit dem Nachtzug:
    Matanzima herrscht da über ein Land
    ausgelaugter Almosenempfänger)

Ich will nicht über die Grenze schleichen
an der Männer patrouillieren mit angeleinten Wolfs-
hunden
die den Stacheldraht entlang knurren
und nach einem Störer von diesem oder jenem
suchen:
Ich bin kein Guerilla. Aus dem Himmel will ich fallen,
wenn die Minister aus ihrer Vorhalle gaffen
und Scheußlichkeiten begehen am hellen Tag
an den Töchtern des Chefs:
wie Attila sie schänden
lachend will ich mir weitere Narben holen
wenn ich die verwundbaren Liberalen heimsuche mit
Läusen
die ich geerbt habe von ihren Goldminen-Vätern
    (Cecil John Rhodes braucht keine Entschuldigung
    zu erwarten
    Anton Rupert kann ich höchstens mein Beileid
    bezeugen)
Ich habe genug Diamanten für sie
in den blauen Stollen von Kimberley gegraben:
fremde Kronen wurden besetzt mit den Steinen
meines Schweißes
    (wo ist das Stück Glas das ein Eingeborener
    aufhob
    und das Cullinan Diamant getauft wurde?
    Fachmännisch wurde es geschliffen sagen sie für
    Königin Viktoria diese herrische deutsche Dame)

Keiner ist unschuldig
Was tun denn »die Tausenden von Unschuldigen
gefangen im Kreuzfeuer«

was stehen sie herum
auf diesem riesigen Schlachtfeld
(Britische und amerikanische Staatsbürger können, fürchte ich
nicht aus den City-Hotels evakuiert werden
wo der Kampf am härtesten tobt: Keine Viscount
keine Boeing 727 keine Rotkreuz-Maschine kann
auf den Bürohäusern landen
siebenundvierzig Stockwerke hoch mündelsichere Investitionen).
Außerdem hat der Skorpion der sich selten bewegt
viel zu tun:
(Wo ist dein Stachel?)
Denn der Löwe liegt jetzt faul im Krüger-Nationalpark
oder schleicht nur noch den Zoo an
die Hyäne lacht:
(aber wie lange noch?)
Darüber lache ich mich zu Tode daß sie denken könnten
Fleisch ist nicht länger Gras.
Aber an alle Unbeteiligten müssen wir
ein drohendes Hütet-Euch ergehen lassen
»Dies ist weder Biafra noch Amman,
und der Fluß kann nicht mehr überschritten werden,
wenn die Tränen einmal fluten.«

Exil von Anfang an
Exil war eingepflanzt in den ersten stechenden Schmerzen
des Paradieses. Dieses Land wurde
ein Asyl für Abenteurer.
Wer sich an die Geschichte erinnert
braucht meinen Kopf nicht mit
Erzählungen zu belästigen. Ich habe die Feuertaufe
bestanden bin aufgewachsen in Lumpen habe gelernt
in der Gewalt des Schlamms.

Gott ist die Wahrheit ohne Rücksicht auf das Röcheln
des Todes
(Ich komme um zu tun was zu tun ist)
oder euer erstaunliches Aufgebot an Gewehren
oder die Staffeln von Stellenbosch-Kadetten.
Sofort voll kampffähige Sturmtruppen
werden von der Front in Rhodesien zurückberufen
und der Caprivistreifen wird wieder friedliches Weide-
land.
Der Stützpunkt von dem aus Zambia überwacht wird
wird eine ebenso gute Rampe für Raketen sein
wie die verfallenden Befestigungen von Zimbabwe.
Wie Schilfrohr werden die Wälle brechen
die Türme im Steinhagel zusammenfallen.

Denn solche Ungerechtigkeiten herrschen
in diesem Eldorado
daß man meinen könnte
seine hydraköpfigen Ausgeburten wären entstanden
aus der Bosheit der Sonne die
sich einließ mit der harten Mütterlichkeit einer
Burenmagd:
weißer Abfall
der durch mein Blut strömt
in allen unveräußerlichen Jahreszeiten
und ich habe eine unheilbare
Krankheit die mich ruhelos laufen läßt
durch die Abwässerkanäle dieser fernen Städte.

Wer kann mich retten außer mir selbst?
Ich brüte Worte in Scharen aus, vergeblich, ich werde
bluten müssen:
bluten für die zerbrochenen Berge das verlorene
Umhlanga Hangklip Winterberg.
Die hungernden Flüsse warten darauf daß ich durch-
tauche
an die vorderste Front.

Der Schlamm an meinen Stiefeln ist hart geworden.
Den Ahnen werden die Gräber genommen.
Streng werden die Bestrafungen sein und blutig die
Rache.

London, September 1970

Vorsorgehaft

Bleicher Teejunge balanciert Tassen und Untertassen,
er hat unsere Klasse früher den Othello gelehrt
und ein dürrer Gelehrter ist eingekerkert, denn
der Winter ist im leuchtenden Gras.

Liberales Mädchen, geboren zwischen Magnolien,
muß jetzt Dahlien schneiden
im Gefängnishof, die blonden Locken geschoren.
Der Winter ist im glänzenden Gras.

Winde die zerfetzten Strähnen zusammen,
Liebe und Leidenschaften, die sich anhäufen.
Was den fliegenden Wolken an Farbe fehlt,
überwintert im strahlenden Gras.

Kapstadt, Juli 1963

An der Landsdowne Brücke

Nachdem die Türen sich gleitend geschlossen haben
an der Landsdowne Brücke, schwimme ich in Echos.
Wer hat die Wand beschmiert, Leute?
BEFREIT DIE GEFANGENEN hat jemand
geschrieben.

Schwarze Buchstaben große wie das Leben starren
bei Tag dir hart in das schwarze Gesicht;
Über das Kikuyegras bis in die Sandebenen
geht das flegelhafte Klang-klang der Eisenbahnen.

Die Dunkelheit löscht die Forderung aus,
bis die Morgendämmerung kommt, golden und süß,
doch ein Lastwagen der bei Nacht plötzlich
durch die Kurve kommt, hält sie in spinnenhaftem
Licht.

Kapstadt, Mai 1964

Brief aus dem Zentralgefängnis in Pretoria

Die Glocke weckt mich um sechs im bleichen
Frühlingsdämmern,
mit dem vertrauten Murren der Därme bewältige ich
düstere Korridore, die nach Leibern riechen. Meine
Augen
empfinden das aufrührerische Licht aus der Ferne
heilsam.
Wassertropfen regnen kristallkalt, mein nasses
Gesicht,
das aufsteigt über einem eisernen Waschbecken.
grüßt seinen erschossenen Schatten in der Tür-
öffnung.

Sie bringen uns in die Werkstatt. Ich bin ausge-
zeichnet,
bin der Schmied des Blocks; diese aktiven Stunden
fliegen wie Funken in der Esse, ich hämmere Metalle
mit Lust und lasse die schwitzenden Muskeln
vergessene
Welten schmieden, die anziehender sind.
Das Herz ist ruhig, das Leben friedlich,
deine Worte filtern leise durch meine Fasern.

Ich werde gepflegt, und es macht mir nichts aus
auf Leerlauf geschaltet zu sein. Du hingegen mußt entscheiden
heute, morgen, Verantwortung tragen, dich
durch die Massen auf dem Gehsteig zwängen, Ideen verbessern.
Unser Essen bekommen wir rechtzeitig. An den meisten Abenden
lese ich Bücher, Jane Austen
wegen ihrer Eleganz, Freundlichkeit (Überredungskunst).

Die Bäume sind grün jenseits der Mauer, Blätter, die durch das Gitter
reichen, sind kühl in der Sonne.
Zwischen den mönchischen weißen Blumen des Frühlings, die
zu früh über den Gefängnishof fließen, ein Quadrat
des saubersten Steins auf dem ich je gegangen bin.
Wachposten rauchen in ihren Häuschen, die Rauchfahnen
kräuseln lieblich durch den Stacheldraht.

Auch Musik und Kino, gestern gleich zwei Filme.
Um vier Uhr ist man zurück in der Zelle, lach nicht
wenn du hörst, wie sehr man alles gewöhnt wird. Du sprachst
von Hospitalbehandlung – ich sehe, die schicken Krankenschwestern
bringen dir Pampelmusen und Tee – alles Gute
deiner beschwerlichen Niere.
Tut mir leid, ich hab keinen Platz mehr. Aber datiere deine Antwort.

August 1966

Monolog: Südafrika

Es scheint, ich spreche die ganze Zeit, die ich allein bin
ob vom Wetter oder Tod im Winter,
oder, wie du erwartet hast und deine Augen fragten,
von Liebe,
hin zur Tür, wo ein Auf Wiedersehn es entflammen
könnte.
Die letzten Worte, von der Straße her gesprochen,
werden am nächsten Tag bedauert, denn sie
bedeuteten so viel.

Alles was man versucht, ist, in der Abwesenheit
von anderen zu reden, die gesprochen haben und
ohne ein Echo verschwunden sind!
Ich habe Männer gekannt mit durchdringenden
Stimmen.
Ein weißes Stück Papier hat sie in Geister verwandelt,
als wäre ihre Beredsamkeit schwarze Magie gewesen.

Weil ich so viel gewollt habe, dein Du,
habe ich Stunden und Tage gewartet, verbissen
und manchmal hündisch, aber oft hast du zugehört.
Etwas spricht weiter wenn etwas zuhört:
in einem Zimmer kann eine Fliege unterhaltend sein,
oder eine Motte, die leidend das Licht herausfordert.

Solltest du mein Herz aufbrechen, belebe seine
Muskeln wieder
denn der März wächst mit steigendem Schrecken:
unsere größte Sorge ist, wie man sicher sein kann.
Damit du glücklich bleibst, werde ich mehr sprechen,
wenn auch nur flüsternd, von Freiheit,
jetzt, da die Sehnsucht im Untergrund lebt.

Die Möwen schreien. Ich spreche auf die See hinaus.
Die Wasser, aufgebäumt zum Angriff, brechen
vorwärts:

ohne ein Wort, diese Gewalttätigkeit. Von den Felsen über der warmen, haibrütenden See, die das Orakel der vibrierenden Luft ertränkt, gehe ich hinunter und höre die Seile, gegen die Flaggenmaste schlagen.

INGRID JONKER

Das Kind

Das Kind ist nicht tot, nein
das Kind hebt die Fäuste gegen seine Mutter
die Afrika schreit schreit der Geruch
von Freiheit und Heide
in den Ghettos des umzingelten Herzens

Das Kind hebt die Fäuste gegen seinen Vater
in dem Zug der Generationen
der Afrika schreit schreit der Geruch
von Gerechtigkeit und Blut
in den Straßen seines bewaffneten Stolzes

Das Kind ist nicht tot, nein
weder in Langa noch in Nyanga
noch in Orlando noch in Sharpeville
noch auf der Polizeistation in Philippi
wo es liegt mit einer Kugel durch den Kopf

Das Kind ist der Schatten der Soldaten
auf Wache mit Gewehren Sarazenenpanzern und Knüppeln
das Kind ist da in allen Versammlungen und beim Beschluß über Gesetze
das Kind schaut durch die Fenster der Häuser und in die Herzen der Mütter

Das Kind das jetzt in der Sonne bei Nyanga spielt ist überall
das Kind das zum Manne geworden ist zieht durch ganz Afrika
das Kind das zum Riesen geworden ist reist durch die ganze Welt

Ohne Paß.

BARRY FEINBERG

Statue stehen

Statue stehen
(ein Euphemismus):
ein Kreidekreis
nicht kaukasisch
nicht von Brecht
sondern eine rohe Ellipse
auf den Boden des Korridors gekritzelt.
Schlangen bilden sich um ihn zu füllen
keine bewegt sich langsamer
weniger
eine nach der anderen
Woche um Woche

Die Wartenden
dürfen sich setzen
schlafen oder urinieren
aber einmal darin
einmal umarmt von
der dünnen verwischten Grenze
mißt keine Uhr mehr
die Bewegung des Lebens
nur der Puls am Hals
Hüften klopfen

Zehen zersplittern
bei Verlagerung des Körpergewichts
Über allem das Licht
volle Sonnenstärke
ohne Scheuklappen
bleicht Ebenholz
zu Elfenbeinglanz.
Phantome umgeben uns
Zähne knirschen
Kiefer wüten.
Durchgesackte Muskeln
verändern ihre Rolle
von freiwillig
zu unfreiwillig
Hintern von Ellenbogen kaum noch zu unterscheiden
Knie beugen sich der Schwerkraft
die Blase hält aus Würde an sich
Wasser ins Gesicht gepeitscht
bringt das Bewußtsein zurück.
Kein Knochen wird aufgeschlagen
kein roher Schlag
der die Niere zerquetscht
kein entstellender Angriff
nach genauen Instruktionen
werden nur die Sinne angefallen.

Sehen und Hören leiden
Nur Schweiß ist noch zu riechen
Fühlen ist ein vergrößerter Kopf
die Hände sind verkleinert
die Füße verschwunden.

Das alles wegen eines Namens
einer Uhrzeit
eines Ortes, mit wem
eines geheimen Reims
eines gelernten Rätsel.
Selbst wenn in jenen

lang beleuchteten Nächten
dies ausgespuckt wird
der Haß wird festgehalten
eine Idee mit Wut besetzt.

Kontrapunkt für marschierende Füße

(den schwarzen Arbeitern von Durban)

Wir werden uns
erinnern an Durban
in Jahren die kommen,
wenn die Sonne
explodiert
über dieser Stadt

. . . Satter Verkehr vom Goldplateau,
auf Hochweiden fett geworden,
schlendert herein zu einem Sonntagsvergnügen
verstopft die gähnenden Hauptstraßen

Beschirmte Augen gegen splitternde Hitze
Stranddiebe mit arrogantem Schritt
gießen hochtrabende Schatten
unverschämt auf den brennenden Sand.

Wenn die Sonne Funken sprüht über den Bluff,
viel Gerede über Hainetze und Walfänger
mit ihrem blutenden Abendfang,
während sie blind ihr Lagerbier saufen

Nur der Gedanke ans Essen
treibt träumende Köpfe der Dämmerung zu
Aber in einigen erwacht eine Ahnung von Gewissen
und wendet ego-trips in Alpträume . . .

Sie erinnern sich
Immer in der Ferne,
am Horizont
nicht endende Schlangen
von schweigsamem Rauch,
der zeigt, wo Stahl
und Räder rollen,
das Zischen und Stoßen
des Kolbenschlags,
das Syphongebrüll
des Hochofens,
das Klank und Klank
von Männern auf Metall

Sie erinnern sich.
An jenen Tag
ein fernes Rollen
wie flüchtiger Donner
vibrierte in der Luft;
alle Augen rollten nach oben
um den Gewittersturm zu sehen,
aber unbarmherziges Blau
überzog den Himmel
in endloser Beruhigung.

Dann plötzlich, durch
das Brüllen der Brandung,
der Kontrapunkt
marschierender Füße:
ein Meer, das nicht
vom Meer kam,
eine Flut, die gegen
die Flut schwoll,
Wellen, die heranbrandeten
um Wellen aufzuhalten;
hervorwogend aus
Fabrik und Werkstatt,
über Mauer und Zäune

aus jedem Netz
der Ausbeuter,
aus Abwässern
und dem Gestank der Dünste,
aus dem Biß des Hungers,
aus Todessehnsucht,
aus sich abnutzenden Jahren
und Jahren der Abnutzung

Da sie nur Staub zu verlieren hatten,
zogen zerschlissene Muskeln sich zusammen,
vereinigten sich mit Knochen und Sehnen
lebendig mit Nerv und Feuer:
die Heber, Schieber
die Zieher und Bieger
die Hauer, Gräber
Maurer und Eisenflechter
die Diener, Fahrer
und allgemeinen Versorger

Arme brachten die Luft ins Schwanken
Fäuste trommelten gegen den Himmel,
eine blutrote Fahne
zerschlug den Nachmittag.

Wir werden uns
an Durban im Jahre '73 erinnern,
wir werden uns
an Durban erinnern
in den Jahren die kommen,
wenn die Sonne explodiert
über dieser Stadt.

Wir stehen bewaffnet auf eigenem Boden

Erinnere dich an die qualvollen Jahre
(werden sie je vorübergehen?)
Tränen und Blut wie Regen
(aber wir bluten immer noch!)
Diese Sintflut lähmte unsere Väter,
verdünnte die Milch unserer Mütter,
machte die Hitze junger Söhne lauwarm.

Fett wurde das Land von der Ausplünderung,
die Geldgeber rafften reiche Ernte:
eine Diebesherrschaft auf Ketten angewiesen.
Menschenknochen wurden zu Pflastersteinen
gehauen,
das Mark diente als Mörtel,
Menschenschweiß ließ Gefängnisse wachsen,
und Muskeln ernährten Millionäre.

Wenn wir jetzt zurückblicken
durchstechend mit scharfen schwarzen Augen,
wenn wir bewaffnet auf unserem Boden widerstehen
fest auf unseren Füßen aus Stahl,
wägen wir unsere gerechte Sache gegen unseren Blut-
zoll ab
und überschlagen die Kosten des heiligen Weges
von der Unterdrückung zur Freiheit.

A. N. C. KUMALO

Der lange Sturz

Schau hinunter
aus schwindelnder Höhe
in einen langen tiefen Fall
dann weißt du, wie Babla starb.

Der lange Sturz
ein hilfloser Fall
sie sagten er ist gesprungen.

»Der da?
Er hat uns durchs Fenster verlassen«,
prahlen sie lässig
und grinsend den Schmerz an.

Ein Mensch fällt nicht
wie ein Stein
ein blendendes Licht gleißt
im Zentrum einer Explosion.

Versteinert
stehen die Mörder
über dem Abgrund.

Rachegedicht

Mini,
Großer starker lächelnder Mini,
und Khayinga und Mkaba, die nicht weniger das Leben
liebten, wurden ihres wertvollsten Besitzes
beraubt,
Leben.

Unsere Kameraden fielen
in Verwoerds Pretoria
in den Nacken gebissen
vom Knoten des Henkers.

Hast du einmal Leben entgleiten sehen?
Einst sah ich meine Mutter sterben
auf dem scharfen Sand von Sharpeville.

Ich höre Babla meinen Bruder schreien
und seinen Körper auf dem Beton aufschlagen
einhundert Fuß
unter dem Fenster des Verhörbeamten.

Hast du das Gesicht eines Mannes gesehen,
der zusammengeschlagen wurde?
Wenn du im Gefängnis
die Schläge hörst,
fängt dein Herz an zu rasen.

Aber das Schlimmste von allem
ist das Stöhnen
    oder der Schrei
      oder das Husten
        oder nichts,
einfach entweichende Luft
wenn das Leben schwindet.

Wie starben Mini und meine Brüder
an dieser geheimen Henkerstätte?
magst du fragen – ich werde es dir erzählen
ich weiß es.

Singend? Ja – aber wie sie singen!
Der große starke Mini,
er lächelt nicht an diesem Tag.
Ein Lächeln auf den Lippen vielleicht
aber die Augen grimmig,

grimmig wie immer
wenn er dem Feind gegenüberstand.

Kopf hoch gehen sie zusammen
in Stärke vereint
und singen Minis eigenes Lied
›Naants' indod' emnyama Verwoerd‹

– Warte nur Verwoerd, der schwarze Mann kriegt dich –
›Warte nur Verwoerd‹
das Volk hat dies Lied aufgenommen
›Warte nur Verwoerd‹
die Welt singt es mit Mini.

Und als sie den Tod trafen
in ihrem Graben an der Front,
riefen die drei Helden
in die grauen Zähne des Feindes
»Wir werden gerächt«,
und das Volk nimmt den Ruf auf
»Unsere Helden werden gerächt.«
Rache wollen wir,
während die letzten kostbaren Atemzüge
in die Luft von Pretoria schwinden.

Drei Gewerkschaftsführer, Mitglieder des ANC, im November 1964 erhängt.
Vuyusile Mini war der Komponist vieler Freiheitslieder.

Vor dem Verhör

(Ein Epitaph für Ahmed Timol und andere)

Ihr Triumph, als sie ihn an Land zogen,
als ob sie einen Fisch geangelt hätten.
Vier Tage später sagten sie seinem Vater
geh in die Moschee, beten
dein Sohn ist tot
er ist aus einem Fenster gefallen
wir haben ihn auf einen Steintisch gelegt.

Saloojee sprang von hier aus
im Jahre 1964, sie grinsten Timol an
und zeigten ihm sieben Stockwerke Tiefe
so wie du wollte er nicht reden.

Sie schmunzelten und kniffen die Augen zu
amüsiert über den Zeitvertreib
führten sie ihn noch drei Treppen höher
magst du die Aussicht von hier
möchtest du jetzt reden?
Du bist ein ausgezeichneter Fang
Wir geben dir die Ehre
eines noch lauteren Aufschlags.

Sie spielten mit ihm
am Ende der langen Angelschnur
er weigerte sich loszubrechen
als sie den Angelstock hochrissen;
ihre Geduld war zu Ende
in einer stockschlagenden Wut
rissen sie ihn zu Boden
mit einem kopfwirbelnden Aufschlag
der die Wunde des Fischhakens verdeckte.

Von dem Sprung sprachen sie
wie von einem olympischen Rekord;
wir wenden nie Gewalt an
selbstverständlich nicht
einige hängen sich selbst auf
andere rutschen auf einem Stück Seife aus
dieser wollte springen.

Das Mundstück der Polizei
sprach zur Presse
erklärte den siebzehnten plötzlichen Tod:
»Wir drohen niemandem
Wir schlagen niemanden
Wir setzen voraus, daß keiner
flüchten will
keiner
keiner
keiner.«

Mit flatternder Zunge
schrieb er eine Inschrift für alle Toten:
»Wir kennen die Kommunisten
Wenn Gewalt geplant ist
begehn sie Selbstmord
und nennen nie
die Namen ihrer Kameraden.
Es wird ihnen befohlen,
Vor dem Verhör
Aus dem Fenster zu springen.«

Der Justizminister versichert

Mit fadendünnem Lächeln
zwischen geisterhaften Lippen
erklärt Justizminister Vorster,
daß er in den Gefängnissen regelmäßig
Visite hält
– wie ein Arzt am Bett eines Patienten –
und nichts zu verstecken hat.
Journalisten und Parlamentarier sind willkommen,
wenn sie ihn begleiten wollen.
Dem zweifelsfrei Gesündesten dürfen sie
den Puls fühlen,
seine Temperatur begutachten,
mit ihm sprechen.
Eine Stunde dürfen sie in der Regel dort bleiben,
wo Männer ein ganzes Leben verbringen müssen,
und veröffentlichen, was sie wollen.
Nach dem Gefängnis-Gesetz
brauchen sie Klagen wegen Verleumdung,
Meineid und Beleidigung
nicht zu befürchten.
Das Gesetz besagt nur,
man darf keine unwahren Geschichten
veröffentlichen.
Sonst ergeht es dir
wie den drei burischen Gefängniswärtern,
die sich an die Presse gewandt haben:
der eine steht unter Hausarrest,
die beiden anderen sind eingesperrt.
Der Justizminister liebt
diese Art Versicherungen.

J. B. Vorster hatte diese Position, bis er Premierminister wurde.

Rot ist unsere Farbe

Laßt uns Gedichte haben
blutrot in der Farbe
die läuten wie Verdammungsglocken
Gedichte
die an dem Gesicht des Unterdrückers zerren
und seinen Zugriff abwehren.

Gedichte, die Menschen aufrütteln:

Leben nicht Tod
Hoffnung nicht Verzweiflung
Morgenröte nicht Abenddämmerung
Neu nicht alt
Kampf nicht Unterwerfung.

Dichter
laß die Menschen wissen
was aus Träumen werden kann
Wirklichkeit.

Sprich von Freiheit
und laß den Reichen
seine Wohnzimmerwände schmücken
mit dem parfümierten Geschreibsel der Dilettanten.

Sprich von Freiheit
und berühre die Augen der Leute
mit dem Wissen von der Macht
der Massen
die Gefängnisgitter knickt wie Gras
und Granitmauern platt tritt wie Kitt.

Dichter
finde die Leute
hilf Einigkeit schmieden
bevor das Jahrzehnt
  frißt das Jahrzehnt
    frißt das Jahrzehnt.

MASIZI KUNENE

An diesem Tag

Wie jeden Tag bin ich nach Hause gekommen
nach furchtbaren Stunden an abgeteilten Pulten,
wo der Tyrann uns festgespießt hatte wie Schmetter-
linge.
Hungrig bin ich gewesen wie jeden Abend, die Lippen
waren mir
aufgerissen, geschwollen vom Aufsagen meiner
Sklavenerziehung.
Ich bin hinuntergetrottet, habe die längst vergessenen
Totengesänge meines Volkes gesummt
und die Lieder, die in einstürzenden Minen gesungen
werden,
wo schon vierhundert begraben sind ohne eine Träne
der staatlich geschützten Klubs.

Dies ist mein Zuhause, was du unterhalb der hohen
Gebäude wuchern siehst;
Mutter ist tot, hat meine Schwester gesagt.
Ich kann mich noch erinnern, wie ich, wahnsinnig
über diese Nachricht, herumgelaufen bin.
Mein zweijähriger Bruder hat die untergehende
Sonne angeheult.
Nicht er allein. Wir, die Kinder von Sharpeville,
haben uns
wie erschrockene Nestlinge, wenn der Dieb den
Baum erklimmt,
in die Dunkelheit zerstreut und nach ihnen gesucht.
Das spitze Gras war in Blut getaucht.
Ich bin wach geblieben, während durch den Riß
die feuerroten Himmel meine Trauer verspottet
haben.
Ich habe geweint, bis die Qual im Gesicht meines
Vaters die Hymne sang, unsere Hymne, das Lied der
Freiheit.

Gedanken über den 26. Juni

Hatte ich unrecht als ich dachte
alle werden gerächt?
Hatte ich unrecht als ich dachte
das Eisenseil um den Hals des jungen Bullen
wird gerächt?
Hatte ich unrecht
wenn ich dachte die Waisen des Schwefels
werden aus dem Ozean auferstehen?
War ich verdorben als ich dachte es braucht keine Liebe zu geben
es braucht keine Vergebung zu geben es braucht keinen Fortschritt zu geben

Es braucht keine Güte zu geben auf der Erde
Es braucht keine Städte zu geben voll von Skeletten
die Botschaften von Elephanten auf den Mond schicken?
Hatte ich unrecht in erstickender Ekstase zu lachen
als das Meer sich wie ungelöschter Kalk erhob
als Asche auf Asche geblasen wurde vom Wind
als das Schwert des Kindes auf der Kuppe des Hügels alleingelassen wurde?

Hatte ich unrecht Denkmäler aus Blut zu errichten?
Hatte ich unrecht den Raubzug Caesars zu rächen?
Hatte ich unrecht? Hatte ich unrecht?
Hatte ich unrecht die Erde anzuzünden
und über den Sternen zu tanzen
da sah ich Europa brennen mit seiner Zivilisation aus Feuer
da sah ich Amerika auseinanderfallen mit seinen Göttern aus Stahl
da sah ich die Verfolger der Menschheit sich in Staub verwandeln
Hatte ich unrecht? Hatte ich unrecht?

Rache

Wie wäre es, wenn ich in der Nacht käme
und dir einen Speer in die Seite pflanzte
um die Toten zu rächen:
Die du nicht gekannt hast,
Deren Narben verborgen sind.
Für die es kein Denkmal gibt,
An die du dich nur bei deiner Feier erinnerst?
Wir haben sie nicht vergessen.
Tag um Tag entzündeten wir das Feuer
und legten die Flammen unseres Zorns
rund um deine Städte,
rund um deine Kinder
die als aschene Denkmäler bezeugen werden
die Explosion unserer Rache.

Der politische Gefangene

Ich möchte sprechen
Und sprechen mit Worten so unzählbar wie der Sand
Die andere Seite des Zauns,
Die andere Seite der Festung aus Stein.

Ich traf eine reisende Witwe,
die ging an den Gefangenen mit Feuerholz vorbei.
Diese Frau ist es, die mir verbot zu schlafen,
Die mich erfüllte mit Träumen.

Der Traum ist immer derselbe.
Er dreht sich um einen Anker
Bis er einen Platz findet auszuruhen:
Er baut seine Spinnweben aus den Stunden.

Eines Tages kommt jemand und öffnet das Tor.
Die Sonne schleudert ihr Feuer heraus,
Breitet ihre Flammen über die Erde
Und berührt die Quelle der Menschheit.

Hinter uns sind die Berge
Wo die Witwe verlassen wohnt.
Unfähig zu gebären bleibt sie dort
Und brüstet sich selbst nur in den Schatten
vergangener Tage.

HUGH LEWIN

Noch ein Tag

(für Bram Fischer)

Es war wie jeden Tag
vom Aufschließen
    Frühstück / Waschen / Schrubben / Säubern
    Garten / Mittagessen
    Einschließen
    Waschen / Schrubben / Säubern
    Duschen / Vieruhr-Abendessen
    Einschluß
bis zum Aufschließen am nächsten Morgen
irgendein Tag jeder Tag
vierzehn Stunden eingeschlossen
jede Nacht

Am Morgen
pflückten wir unsere elf Maiskolben
zehn für uns, einen für den Buren
das dauerte eine halbe Stunde
eine andere halbe Stunde verging
die Schalen abzureißen
aufgeregt über unseren selbstgezüchteten Mais

den sie uns zum Abendessen kochen sollten.
Am Nachmittag
stutzten wir die einundzwanzig Tomatensträucher
und freuten uns zu sehen
wie sie voll grüner Früchte
wuchsen

Es war wie jeden Tag
    Garten / Mittagessen
    Einschluß
    Waschen / Schrubben / Säubern
    Duschen / Vieruhr-Abendessen
aber gerade vor dem Abendessen
wurde er unerwartet
hinausgerufen
für einen Besuch
das bedeutet sagte ich
    entweder etwas Gutes
    oder etwas Schlechtes
So verpaßte er das Abendessen mit uns
und wir nahmen seinen Mais mit zu seiner Zelle
zum Essen nach dem Besuch
    entweder etwas Gutes
    oder etwas Schlechtes

Es war wie jeden Tag
    Abendessen / Einschluß
    allein
    zellenallein
    für vierzehn Stunden

Während wir aßen
war er in dem Zimmer
wo man seine Besucher anguckt
durch einen Sehschlitz von vier Zoll
eingeschachtelt in Holzwände
mit Schalldichtung
damit die Tonbänder deutlich werden.

Du hast Buren auf deiner Seite
sie haben Buren auf ihrer Seite.
Sie nennen es das Besuchszimmer.
Sein Bruder
guckte durch den Sehschlitz
in die hölzerne Schachtel
und sagte ihm:
    Dein Sohn ist heute morgen gestorben
durch den Sehschlitz
in die hölzerne Schachtel
die den Staat sichert
    Dein Sohn ist heute morgen gestorben.

Ich nehme an sein Abendessen war kalt
bis er in seine Zelle zurückkam
    allein
    nach dem Einschluß
    für die nächsten vierzehn Stunden
    wie jeden Tag.

C. J. DRIVER

Die Dunkelheit ansingend

(John Harris zum Gedenken, der 1965 wegen Sabotage und Mord hingerichtet wurde und auf dem Weg zur Hinrichtung sang: ›We shall overcome‹.)

Dieser Mann ist kein Held; verrückt, vielleicht,
tötete er eine alte Frau und verbrannte
das Gesicht eines Kindes zu einem weißen Schädel.
So wollte er einen Gott aus Schmerzen machen
und sein Land davon befreien
eine goldene Bestie zu preisen
Aber wir sind Narren
die ihre Krankheit mit Haß zu heilen versuchen,
    Auch wenn wir singen, wenn wir sterben.

Kein Lobgesang dann; und auch kein Gebet –
denn wir sind über das Beten hinaus.
Alle Gebete schreien zu laut
wenn ein Mann allein geht zum Sterben
ein kurzes Fallen, ein kurzer Weg
durch sein kleines Dunkel in die Dunkelheit
    Auch wenn er singt, wenn er stirbt.

Jeder von uns macht seinen eigenen Frieden
Mit dem Dunkel; jener Mann machte seinen Frieden grausam
nach zwei Seiten; daß seine Feuerbestie
die goldene Bestie verschlingen möge
und daß der süße Geruch von brennendem,
brennendem Fleisch sich durch die Pforte dränge
vor der sein Land wartet, ohne zu sprechen,
    Auch wenn er sang, während er starb.

Ich kann darin nichts Schönes sehen
Außer daß ein Mann ansingen sollte
gegen sein Dunkel
bis ihm der Strick die Stimme bricht –
Die Flammen brennen weiß in seinem Schädel
und kein einziger Tod wiederholt einen anderen.
    Auch wenn er sang, als er starb.

I. CHOONARA

Brief an Mama

Frag mich nicht
warum wir hier sind, Mama.
Das ist nebensächlich.
Wir haben
den Unterschied
zwischen Norden und
Süden vergessen.
Großpapa zuhause konnte es ja auch nicht
vor hundert Jahren
als er ein Kind war.
Wenn sich etwas bewegt
schießen wir ihm
genau zwischen die
geschlitzten Augen.
Das ist der Feind
des Ideals, das wir verteidigen.
Frag mich nicht warum.

Fred. Du kennst Fred, Mammie.
Denk an Fred. Er ist tot.
Bill haben sie umgebracht auf dem Hügel.
Ein paar andere, die du kennst, Mammie,
sind auch weg.
Aber wir machen weiter und weiter und weiter.
Wir verteidigen ein Ideal.

Ich weiß es hört sich unwirklich an,
aber hier sehen wir klar
die gelbe Gefahr im grünen Dschungel
und die rote Gefahr im grünen Dschungel,
außerdem die Fliegen und die Moskitos,
die Sümpfe und die Flußboote.
Außerdem gibt es Bomben, Landminen, Panzerfäuste
und die Kugel des Scharfschützen, die schießt dich tot

während du noch läufst, Mammie. Denk an Fred.
Aber wir werden aushalten, Mama,
denn wir verteidigen
das große Ideal.
Es ist nur so weit weg von zu Hause
und so weit vom Ideal.

LIONEL ABRAHAMS

Weißer-Mann-Blues

Zwei Autos, drei Toiletten, ein Schwimmbad,
Bilder als Geldanlage, Kinder in der Privatschule . . .
wir laden ein zu Shows oder Schlemmerei –
und doch fühlen wir uns nicht richtig, fühlen wir uns
nicht gut.

Warum hilft Haben nichts?
Warum rettet Ausgeben nicht?
Warum nicht der Spaß – –
Warum nicht die Kultur – –
Warum summieren sich die Reklamen nicht zu etwas?

Wir können es uns leisten zu sagen: wir wissen
daß die Schwarzen höllisch schlecht behandelt
werden.
Big Boss ist streng und dumm und muß gehn:
wir sagen es – und es hilft wie ein Aspro.
wir fühlen uns immer noch nervös, verwirrt und nicht
ganz wohl.

Welcher Spezialist kann heilen, was wir haben –
den haben-wir, müssen-wir-haben Blues,
den Gefriertruhen-, billiger im Großhandel-,
Weltreise-Blues?
Besoffen sind wir von dem wissen-alles-darüber-
Fusel.

Wir platzen vor dem Kwashiorkor der Bank.
Wir sind deprimiert vom Blues des weißen Mannes.

In den Hinterhöfen beten sie für uns.
In Soweto sehen sie unsere Not.
In den Grenzgebieten verstehen sie uns.
In den Bantustans warten sie darauf
uns auf die Schulter zu klopfen, unsere Hand zu
halten.
Sie wissen, sie wissen es,
für sie ist es keine Neuigkeit:
wir haben diesen Verlorener-Mann, Später-Mann,
Geld-Mann, Super-Mann
Weißer-Mann-Blues.

PETER HORN

Nutzlose Bitte an den Stiefel eines namenlosen Polizei-spitzels

Singen wie soll ich singen
zwischen den fetten und aufgeregten Zeitungen
Polizisten Ministern Beamten
Verrätern Aktienbesitzern Lügnern
Polizeispitzeln Dieben und Professoren
wie soll ich singen solange sie
die Scheren zücken
und Literatur kritisieren
mit Exilgenehmigungen und Verbannungsbefehlen

Nein, ich mag nicht singen!
Ich hab dir gesagt: nein nichts.
Sag ihnen sie können zur Hölle gehn.
Ich möchte mein Frühstück am Morgen
und Ruhe am Nachmittag.

Singen wie soll ich singen
in diesem Land wo die Schlangen schlafen
kleine Lieblinge ohne Gewissen
mit Giftzähnen
wie soll ich singen
wenn sie die Dekorationen des Himmels herab-
gerissen haben
Sterne Kometen Monde Sonnen und Planeten
um sie an ihre patriotischen Brüste zu heften

Ach verschwinde!
Ich hab dir gesagt: hau ab.
Sag ihnen ich brauch ihre Muse nicht
sie können mit ihr für Sixpence schlafen
jederzeit wann sie wollen.
Laßt mich doch in Frieden.

Singen wie soll ich singen
um Himmels willen wie soll ich singen
in einem gut organisierten Gefängnis
mit dieser grinsenden Fratze über mir
was immer Plato und Aristoteles auch sagen
sage du mir mal
wie soll ich singen
mit einem Stiefel auf der Kehle.

Brief an einen Freund in Europa

Ich spreche Worte, die ich vergessen habe:
Freiheit, Gerechtigkeit. Liebe. Das ist
Nicht genug. Aber es ist ein Anfang: Ich sammle
Worte
Und ziehe Netze durch die Vergangenheit und Gegen-
wart.
Ich spreche und wünsche
Frei zu sein von diesen Verwirrungen.
Ich spreche. Das ist schon gut.

Und ich erinnere mich. An die Abschiedsworte
Meiner Freunde, die ins Gefängnis gingen.
An die harten Linien in ihren Gesichtern,
Als sie zurückkamen. An das sorglose Lachen
Meiner Nachbarn, die es nichts anging.
Und ich erinnere mich an Worte: Gleichheit. Brüderlichkeit.
Aber Worte sind stumpf geworden in dieser Atmosphäre des Hasses,
die uns umgibt. Etwas Ätzendes ist darin, das unseren Verstand
zersetzt, Gewalt brütet darin. Der Schrei
Des Herzens ist nur ein schwacher Schrei,
der keinen unsicher macht. Dennoch:
Diese würgende Angst sitzt in uns allen.
In mir.
Ich schaue in den Spiegel: Ich sehe: einen Mann.
Machtlos.
Ich habe keinen Schatten, nur mich selbst. Aber der Blick
Meiner Augen ist anders als früher, und meine entblößten Zähne
Lächeln ein gefährliches Lächeln.
Ich frage: Wo sind meine Freunde?
Ich antworte: Sie sind weg.
Woanders.

Sie sind ins Gefängnis gegangen.
Sie sind in den Untergrund gegangen.
Sie sind nach Frankreich geflohen.
Sie leben in England.
Sie frieren in Schweden.
Sie studieren in Princeton.
Sie begehen Selbstmord in New York.
Sie sind in Angst getaucht.
Sie sind in Schweigen gesunken.
Sie wurden geschlagen. Plötzlich geschlagen.
Unsere Straßen wurden sauber gefegt von der Angst.

Wie kann ich dir von dem Elend derer erzählen
Die geblieben sind. Wir haben uns gewöhnt
An Schmutz, Ekel und Wut. Wir spüren
Sie nicht länger. Wir bewegen nur die Lippen. Wir murmeln.
Aber ich fange an.
Ich fange an, dir zu erzählen: Das ist unser Leben.
Das ist die Wirklichkeit SÜDAFRIKA, die mir in jeden Traum einbricht.
Wo immer ich mich bewege, stolpere
Ich über Drähte, die ich ausgelegt habe,
Um mich vor der Angst zu retten. Schlagstöcke.
Polizei. Broederbond. Ich bewege mich durch das Dunkel
Meines Gewissens und trage ein Messer in der Hand.

Aber was ist Nacht? Und was ist Dämmerung? Und was ist Schmerz?
Gewissensbisse, betäubt, in mir gefangen in meiner Brust:
Ich habe Worte und Ideen gesehen. Sie wurden geboren in diesem Land, und
erstickt von bezahlten und einberufenen Mördern,
Von professionellen Professoren und Studentenspitzeln
Die Jamesbond spielten. Und ich habe Blut gerinnen sehen auf der Straße.
Was für ein Traum ist dies? Und wann werde ich erwachen?
Und was ist Schlaf, wenn Schlaf ermordet wird?
Und was ist Wachen außer starrenden Augen
und hilflosen Gesten?

Elegie auf den Karfreitag unserer Nation

Der Triumphmarsch durch die Stadt
war gestern. Heute wieder
die Verdammung: dieses endlose Schlurfen
in den Tod. Hungerlöhne.
Unterernährung. Der Schatten der Gewehre
fällt über den Weg.
Und oben: Gibt es keine Sonne?
Keinen Sommer? Keine Wärme?
Helikopter, metallische Spinnen,
schweben
mit grellen Augen
über ruhelosen Straßen.

Wie erschreckend im Grau des Morgens
ist das Gesicht dieses narbigen Landes,
und zwischen Wellblechhütten
der feste Tritt
von Polizisten mit Maschinenpistolen.
Etwas, das man Tag nennt, das
überholt und verspätet ist, scheucht
fahles Licht über den Himmel.
Im Hinterhof etwas Wäsche: das rosa Höschen
einer Frau, der Wind
taucht hinein.

Kein Kampf. Er dreht sich um und bietet
seine Hände zum Fesseln an. So tritt
die Zukunft
seines Volkes ein: verraten. Nirgends, weiß er
wird es Welt geben
außer der, die wir *nicht* geformt haben:
Steine und Spiegel
die Saat des Todes enthalten, schwärzer
als jedes andere Schwarz.

Und als er sich auf die Holzbretter
in seiner Zelle legt: ist in ihm noch
die Jagd. Durch das verwickelte
Labyrinth seines Hirns
brechen bellende Hunde
und reißen ihn nieder. Dann erst
ist Ruhe.
Aufs Rad geflochten, geteert, gefedert, erhängt,
gekreuzigt
wurden zu allen Zeiten: die unserem Leben
eine neugezogene Linie gaben: Schicksal.
Als sie den Mann erblicken,
gekrönt mit Stacheldraht,
gekleidet in seine Unschuld,
eine Nummer in die Stirn gebrannt: verurteilt,
sie, die Diener des Abdeckers, rohfäustige
Inquisitoren: brüllen sie vor Lachen.

Strudel: Riesen-Knie. Seht her ihr Leute,
hier ist er, gebrochen durch die Macht des Folterers.
Verdreht der Rücken. Schwarz ragt das Kinn heraus.
Der geschorene Kopf schlägt die Stiegen hinunter.
Geschieht ihm recht! Geschieht ihm recht!

Kommt heraus ihr Verzerrten, Liederlichen,
Lumpigen,
auf denen Läuse und Wanzen krabbeln.
Kommt heraus! Werdet ein riesiger Schattenmund,
um zu heulen
und sein Blut zu kosten. Seht ihr Leute.
Hier. Nur Haut und Knochen,
wenig Speise für Krähen und Milane.

Masken, Masken. Als ich einen Namen rufe,
während die Prozession beginnt, höre ich den Terror
in meine Stimme kriechen: zu klein
in dieser Landschaft von Nacken,
die vor Muskeln und Einfältigkeit strotzen.

Sich türmende Kräne und Ölpfützen
Rauch, Ruß und Gestank begleiten uns.

Außerhalb der Stadt breitet die Menge sich aus.
Kinder, schon keine Kinder mehr, stehen an der Straße,
vom Terror gezeugt,
der ihre Mütter vergewaltigt hat.
Leere kommt in grauer Brise,
die letzte Lampe auf der Bühne verschwimmt.
Wie ein Tier, stumm,
blickt er auf: seht, ich lebe,
breitet die Arme weit aus.
Schwe-
re auf
Tangente und Parabel zerschmettert sein Gesicht.
Der Schuß schallt.
Ein Schrei: Frei-

Ordentliche Soldaten bringen ihre Schulterriemen in Ordnung.
Henker streichen ihre Butter
auf weißes Brot, das von dem Toten sich erhebt.
Auf seinen sargdunklen Ausgang bewegt der Tag sich zu
Eine Welle
erhebt sich
in der Vergangenheit,
rollt über diesen nichts ahnenden Augenblick,
trägt die zahllosen Toten
in die Zukunft. Auf meinem Weg nach Hause
höre ich an einem offenen Fenster,
das Tenorsaxophon, seine Stärke
sticht in meine
leere Dunkelheit. Ich habe Angst: hier
laufen noch Löwen und kennen
keine Schwäche in ihrer Herrlichkeit. Hier
in einer starkfüßigen Sequenz von halben Noten
werfen sie ihre Schwäche in Gelächter
das nicht brennen will: Rebellion und Verweigerung.

OSWALD MBUYISENI MTSHALI

Carletonville

Schwarze Masken in der Nacht,
Schwarze Gesichter unsichtbar im Dunkel,
Schwarze Körper verschmelzen mit dem Teer im Himmel,
Schwarze Stimmen leise wie rußiges Geflüster im Wind.

Laute Stimmen in Beratung,
Stimmen, die mehr und mehr kreischen,
in hausgebrautem Zorn
der, zeitlos fermentiert,
komplizierter wurde durch die Zufriedenheit,
die sich faul in weißen Sesseln räkelte.

Dann ...
Wammm!
Rat. . .tat. . .tat. . .tat. . .
Tum. . .Tum. . .tum. . .tum. . .
Stöhnen im Dunkeln,
rat. . .tat. . .tat. . .tat. . .
Schreie prellen gegen die Nacht
wie schwarze Gummibälle . . .
jo. . .jo. . .jo. . .jo. . .jo. . .jo. . .jooo. jo. . .jo. . . jo. .jo. .jo. .j

Heißes geschmolzenes Blei aus flammendem Mündungsfeuer
um schwarze Häute zu durchlöchern.
Die Kugeln treffen ins Schwarze.
Der Bulle ist schwarz,
der Bulle ist zornig,
der schwarze Bulle brüllt mit lauter schwarzer
Stimme . . .

Der Wind machte sich aus dem Staube,
die Nacht rang ihre Hände
bat nutzlos um Mitleid.

Rat. . .tat. . . tat. . .tat. . .tat. . .tat. . .tat. . .

Echos von zersplitternden Schädeln und zerbrochenen
Knochen kamen zurück
in den Kreis aller mitfühlenden Herzen,
die Erde zitterte,
betäubte Lesotho, Botswana und Swaziland.

Schlagzeilen über die Kontinente hinweg,
Telexmaschinen ratterten die Neuigkeiten
und lochten sie in die Morsestreifen der Minengesellschaften,
»elf schwarze Bergarbeiter erschossen«.

Wieder?
Noch einmal? Sharpeville?
die Kurse zögerten,
unentschlossen, ob sie höhnisch steigen
oder verzweifelt sinken sollten.

Rat. . .tat. . .tat. . .tat. .tat. .tat.tatt.

Die Kommission trat zusammen
nach der Öffnung der Leichen
und kam zu dem Schluß:
das geschmolzene Blei,
das den »schreienden und plündernden Mob«
niedergemäht hatte, war mehr als berechtigt
Einen Augenblick schweigt die Schwarze Stimme des schwarzen Bullen,
während die Würmer der Unzufriedenheit den Magen aufwühlen
und eine eiternde Wunde aus Schweigen hinterlassen.

Aber die Schwarze Stimme ist nicht tot.
Ihr Echo ist immer noch da
aus Langa, Sharpeville, Cato Manor, Gelvandale.
Wann wird es X-Ville sein?

Straßenarbeiter singen

Preßlufthämmer
brüllen wie Gewehre auf einem Schlachtfeld,
während sie die Straße aufreißen.
Keuchende Maschinen verschlucken die rote Erde
und spucken sie aus wie den Schleim eines Tuberkulose-
kranken.

Geschäftige Makler eilen vorbei;
Einkaufende Frauen watscheln müde und scheuchen
ihre Kinder;
Bummler bleiben stehen um zu gaffen
Der krebsrote Vormann beaufsichtigt die Männer
die ein Abwasserrohr in einen Graben legen.

Es beginnt als ein Murmeln
von einem Mund zum andern
in einem frechen lustigen Rhythmus
ansteigend zu einem Crescendo:
»Abelungu ngo'dam – Weiße sind verdammt
Basibiza ngo Jim – Sie nennen uns Jim.«

Der Herr des Hauses

Herr, ich bin für dich ein Fremder,
aber willst du mein Geständnis hören?

Ich bin ein gesichtsloser Mann,
der im Hinterhof
deines Hauses lebt.

Ich teile mit dir den Tisch,
der so schwer beladen ist
mit Brot, Fleisch und Früchten,
daß er keucht wie ein Pferd,
das den Kohlenkarren zieht.

Wie die Krumen des reichen Mannes für Lazarus
werden sie mir in den Schoß gekehrt
von meiner Lizzie:
»Süßer! iß und sei nun zufrieden,
denn morgen sind wir nicht mehr«.

So laufe ich jede Nacht Spießruten,
ringe mit deinem Kettenhund, Caesar,
um den Knochen, an dem noch viel Fleisch hängt,
und spüle es herunter mit Pussys Milch.

Ich bin das Nachttier
das sich durch das eingezäunte Lager stiehlt,
um mein Weibchen zu treffen,
und fliehe bei Tagesanbruch,
bevor der Jäger und seine Jagdhunde
mich zu Tode hetzen.

Fahrt im Todeswagen

Sie fuhren mit
dem Todeswagen
zu ihrem Golgatha –
drei Landstreicher
deren Papiere für das Reich des Cäsar
nicht in Ordnung waren.

Die Sonne
schrumpfte ihre Körper ein
in dem fahrenden Grab von der Luft
abgeschlossen wie Büchsenfisch.

Heiß ist uns!
Durstig sind wir!
Hungrig sind wir!

Der Centurio
in Apathie versunken
berührt ihre Zungen
mit der Spitze
einer Lanze:

»Schreit mich nicht an
zu Cäsar schreit.
Er ist es der
euch kreuzigt.«

Eine Frau kam
um ihre Gesichter zu waschen.
Sie brachte ein Tischtuch
voller Brot und Tee.

Wir sterben!

Der Centurio
wusch sich die Hände.

Männer in Ketten

Der Zug hielt
auf einem Dorfbahnhof.

Mit schlafverhängten Augen
blinzelte ich durch die frostbeschlagene Scheibe,
und sah sechs Männer:
Männer, bloß
aller menschlichen Würde,
wie Schafe nach der Schur,
blökend in bitterkaltem Wind:
»Hau ab! Kalter Wind! Hau ab!
Siehst du nicht, daß wir nackt sind?«

Sie humpelten in den Zug
auf nackten Füßen,
die Hände in Ketten,
die Füße in Stahlringen
wie Rinder im Schlachthaus,
die vor der Falltür scheuen.

Ein Mann den Kopf
sauber zu einer Kartoffel rasiert
flüsterte der aufgehenden Sonne zu,
ein rotes Auge abgewischt von einem zerrissenen
Wolkentaschentuch,
»Oh! Liebe Sonne!
Willst du nicht mein Herz
mit Hoffnung wärmen?«
Der Zug fuhr weiter auf seinem Gleis.

Dunkelwerden in Soweto

Die Dunkelheit kommt
wie eine gefürchtete Krankheit
sickert durch die Poren
eines gesunden Körpers
und verwüstet ihn unwiederbringlich.

Des Mörders Hand
im Schatten versteckt,
umklammert das Messer
schlägt das hilflose Opfer nieder.

Ich bin das Opfer
Ich werde geschlachtet
jede Nacht auf der Straße.
Angst hat mich in die Ecke getrieben
frißt an meinem furchtsamen Herzen;
in meiner Hilflosigkeit sieche ich dahin.

Der Mensch ist nicht mehr Mensch.
Der Mensch ist zum Raubtier geworden.
Der Mensch ist zur Beute geworden.

Ich bin die Beute
Ich bin das Wild,
das von dem plündernden Raubtier gejagt wird
das in der grausamen Dunkelheit
aus seinem Todeskäfig auf mich losgelassen wird.

Wo ist meine Zuflucht?
Wo bin ich sicher?
Nicht in meinem Streichholzschachtelhaus
in dem ich mich gegen die Dunkelheit
verbarrikadiere.

Ich zittere vor knirschenden Schritten,
ich bebe vor dem betäubenden Schlag an die Tür.
»Öffne«, bellt er wie ein tollwütiger Hund
durstig nach meinem Blut.

Dunkelheit: Dunkelheit:
Du bist mein Todfeind.
Warum bist du überhaupt erschaffen worden?
Warum kann es nicht Tag sein?
Tageslicht für immer?

Junge auf der Schaukel

Langsam bewegt er sich
hin und her, her und hin,
dann schneller und schneller
saust er auf und nieder.

Sein blaues Hemd
bläht sich in der Brise
wie ein zerrissener Drachen.
Die Welt wirbelt vorbei:
Aus Osten wird Westen,
aus Norden Süden,
die vier Windrichtungen
treffen sich in seinem Kopf.

Mutter!
Wo bin ich hergekommen?
Wann werde ich lange Hosen tragen?
Warum sitzt Vater im Gefängnis?

PASCAL GWALA

Kwela-Fahrt

Blöder Paß!
Ich habe zurück gesehen
Blöder Paß!
Ich habe in den Taschen gewühlt
Nicht da

Sie haben mir ins Fleisch gebissen (Handschellen)

Ist der Kwela-Kwela gekommen
Wir sind hinein gekrochen.
Die jungen Männer haben gesungen.
In diesem dunklen Augenblick

wurde alles vertraut.

Gumba, Gumba, Gumba

Hab mir diesen Swing
zu lange angeguckt.
Das ist Kampf.
Ansteckender Dunst um zwölf Uhr mittags
schwillt in die Wildnis
uniformierter Giebel . . .
Ungeheuer und durchdringend
wie das Auge des Teufels.
Nachts hast du einen andern Traum
weiß und ungeheuer;
Er fällt aus dem Himmel der Erde
und wäscht deinen Schwarzen Traum weiß.
Das ist Kampf.

Steh auf und hör
die Schwarzen Schreie draußen;
mit tiefem Weinen, bitterem Weinen.
Das ist Kampf.

Kampf ist, wenn
du die Augen niederschlagen
und die Zeit steuern mußt
mit deiner verbogenen Stimme.
Wenn du dich dahinschleppst –
mechanisch.
Deine Schultern weigern sich;
Weigern sich wie ein junger Bulle
der nicht an die Tränke will.
Kampf ist, wenn du deine Melodie so stimmst,
daß sie mit deinem Innern harmonisiert.

Achte auf ein Dachshundweibchen beim Scheißen,
Die Figur einer schönen Schwarzen Frau
steht zu nahe dabei,
Während ihre Hand die Leine hält:
In einer einsamen Vorstadt der Weißen.
Strolche weiter durch die City
auch wenn du hundemüde bist;
Denn deinen schwarzen Hintern
Darfst du auf eine »Whites-Only-Bank« nicht setzen.
Laß deine Rede Schwingen,
Schüchtere mit Lachen ein.
Lächle, wenn du glücklich bist.
Das ist Kampf.
Kampf ist, wenn du vor Entscheidungen stehst
die dein Lächeln verpfeifen.
Dein Lachen einschüchtern.
Kampf ist, wenn du erkennst,
Was deinen Begierden fehlt.
Denn sogar deine Begierden sind so gemacht,
Daß es zu schwierig ist, sie zu fassen.

Sehen wie weit
Du vom Abgrund bist
So weit wie deine Leute.
Du suchst deinen Weg heraus
Versuchst ihn zu finden;
Niemand wird um dich weinen.
Wenn du weißt was deine Mutter ärgert
Deine Mutter, die von der weißen Madam kommt.
Wenn alle Busse
Dich nicht mitnehmen
Am Morgen auf dem Weg zur Arbeit.
Weil da noch nicht mal Platz zum Stehen ist.
Vielleicht hast du das ganze Soweto,
Umlazi, Kwa-Mashu
In eine Strecke eines Traums gequetscht;
Vielleicht Chatsworth, vielleicht Bonteheuwel.
Dann hast du ihn gejagt und bist hinterhergegangen;
hinter einem ES, dem ES und SEINEM
Vielleicht hast du dich frei davon gemacht.
Wenn du gesehen hast:
Die Schlangen am Wettbüro;

Die Eingeweide eines Mannes – während er noch läuft;
Einen Mann der seiner Frau ein blaues Auge schlägt;
Eine Frau, die von einem Polizisten getreten wird.

Du hast Kampf gesehen
wenn du gehört hast:
einen Mann eine Frau verdreschen, so alt wie seine Mutter;
ein Kind über einen obszönen Witz kichern;
eine Mutter über einen toten Sohn weinen;
einen Vorarbeiter einen arbeitenden Opa »boy« nennen;
eine bellende besoffene Stimme in einer Gasse.

Du hast Kampf gehört.
Du weißt daß Worte nicht töten,
Aber ein Gewehr.
Das ist Kampf.
Jetzt Schluß mit dem Swing
Abends um acht
Ist nie zu spät.
Schwarz ist Kampf.

WOPKO JENSMA

Jo(hannes)burg Spiritual

1
Wir haben alle um ein Feuer gesessen
        aus einem Bereitschaftswagen
der Polizei schreit ein Klotz
        Stop
Idiot wir laufen nicht wir bleiben
        sitzen und
grinsen. Himmel und Hölle ich habe gesehen
        wie sie den Nachtwächter
        zusammenschlugen
        sein Kopf ein Ball aus Blut
Ich ein Weißer: wir wollen dich nicht wieder
        sehen
hier. Und noch etwas
        daß meine
Hure sich um die Ecke
        gedrückt hat. Ich
meine Freunde alle weg, o Herr

2
Ich habe gesehen wie sie auf einem Gehsteig saß
Ich habe gesehen wie sie Blut in den Rinnstein spuckte
Ich habe gesehen wie Dornen in ihrem Fleisch brannten
Ich habe ihre Stumpen gesehen keinen Fuß
Ich habe gesehen wie sie einen Stock umklammerte
Ich habe gesehen wie ihre Augen zahnlos grinsten
Ich habe gesehen wie sie sich selbst die Kehle durchschnitt
Ich habe gesehen wie ihre Leiche in der dunklen City lag
Ich habe gesehen wie sie eine Menge rettete

3
auf meinem Weg zum Tor des Heiligen Peter
sehe ich ein Schild aufragen –
WILLKOMMEN IN SOWETO:
Zimmer mit Klimaanlage und Bad
wir können die Seife empfehlen –

4
er sitzt in seiner Herrlichkeit
in einer roten Robe
ein goldener Thron
eine Dornenkrone
der Heiligenschein
das Kreuz
aber auch alles
auf seiner Farm
kurze Khakihosen
Chevroletlaster Stacheldraht
Rauchringe Zaunpfähle
aber auch alles

5

Heute ist Dienstag
gestern war Montag
morgen wird Mittwoch sein
danach ein weiterer Tag

immer wieder bricht
die See zu ihrem sicheren Tod
auf den brennenden Stränden zusammen.

immer wieder verkündet
unser Premierminister ewigen Frieden
und nagelt Sharpeville auf noch
ein brennendes Kreuz

heute ist Dingaanstag
gestern war Republiktag
morgen wird ein normaler Tag sein
danach ein ähnlicher Tag.

Nur wir

I

Unsere Unschuld scheint
eine rostige Büchse zu sein
unsere Helden von Bloodriver
liegen schwer
auf gebrochenen Rücken
unseres Hirns
Wir sind fertig
worauf warten wir
nichts kann schiefgehen

II

Die Generäle
der letzten Schlacht
bei Umtata
stehen auf Wache
nur ihre blutbefleckten Füße
zusammen mit den Schuhen ausgezogen
stehen Achtung
an der Tür

III

Der Kerzenhalter meines Fingers
brennt langsam im Morgengrauen

meine Hände gebrauchten eine Axt
und ich weiß der Preis ist richtig

ich kenne eine zurechtgeschnittene Seele
die ihr lebenslanges Exil allein bezahlt hat

der Kerzenhalter meines Fingers
brennt langsam im Morgengrauen

NUR WIR DREI

Der Kerzenhalter meines Fingers
brennt langsam im Morgengrauen

ich habe tausend Augen
neunhundert-neun-und-neunzig sehen nicht

ich habe Millionen Worte zu sagen
sie sind alle tot in meinem Mund

aber meine Hände gebrauchen eine Axt
und ich weiß der Preis ist richtig.

in einzelhaft

ein mann in einzelhaft geht vorbei
geht an meiner einzelhaft vorbei

der mond in den zweigen gefangen

ein boot mit einem mann darin rudernd

geht an mir in einzelhaft vorbei
der mond, der mann, eingesperrt

es wird spät, viel zu spät

ich habe den mond, den mann geschaffen, frei

aber ich bleibe in einzelhaft
da ist ein anderer, der vorbeigeht

aber ich kenne ihn nicht, aber er ist
an mir, eingesperrt in einzelhaft, vorbei

Wenn nur der Traum nicht wahr wäre

(für Wilko)

ich weiß meine kinder sind hungrig ich muß ihnen brot besorgen
ich öffne die tür und draußen ist es ein klarer tag

unten in der straße bin ich in einer sich drängenden menge –
und singe mit ihnen mit: »es ist alles eine große lüge gewesen

unsere helden haben uns den fluß hinunter
verkauft . . .«
ich gehe auf den markt und kaufe einen korb voll brot

jetzt ist niemand mehr auf der straße und keine lichter
ich höre einen sarazenenpanzer vorbeirollen und
soldaten

sie sprechen eine sprache die ich nicht verstehe
verloren in der stadt in der ich bin seit meiner kindheit –

in einer straße von der ich weiß daß ich nie vorher da
war –
ich sehe einen nachtwächter an seinem offenen feuer
sitzen

als ich an seiner seite bin sehe ich seine stumpfen
augen starren –
bluttropfen an seinem hals hinunter schwarz
getrocknet

vor ihm liegt eine zeitung beinahe zwei jahre alt
die schlagzeile klar: »aufstand in der hauptstadt«

irgendwie erreiche ich unsere hütte im slum –
ich öffne die tür und niemand ist da und hier

auf dem tisch unsere teller mit jahren von staub
bedeckt –
wofür habe ich gelebt? wofür werde ich sterben?

JEREMY CRONIN

Südafrikanischer Rundfunk: Nachrichten

»Meditiere
über diese Dinge . . .«
Dann schwillt die Musik
und zeigt, wie wir der Welt entschwinden.
Musik als Aufzug, der uns hebt
bis zum siebten Stock.

Siebter Stock!
Tiefsinniges Gerede, Rätsel, Zaubersprüche,
Mysterien, Totempfähle,
Mumbo-jumbo und allgemeine Abteilung für Opiate.

»O Herr«, (diese vergoldete Stimme,
zehn Rand für jede gesendete Minute)
»lehre uns vergessen und vergeben und noch mal
vergessen
die Faust an der Gurgel und den Stiefel in unserem
Arsch.
O Herr lehre uns die Welt so nehmen wie sie ist,
denn du hast sie so gemacht,
den Schwarzen, damit er diene, und den Weißen als
Baas.«

Noch mehr Musik.
8. Stock, 9. Stock, 10. Stock,
und dann die sogenannten Nachrichten.

SIDNEY SIPHO SEPAMLA

Stille

Die Stille von der ich spreche
streckt den Augenblick nach Pretoria
Bloemfontein und Kapstadt
es ist dieselbe Stille
die die gespannte Erinnerung an Tage
eingemauert und
aus jedem Augenblick
Kiesel der Zeit gemacht hat

die Stille von der ich spreche
neigt dazu meine Zunge zu verwirren
ich gurgle Sprachlaute
wie ein Fluß der das Mark
aus gealterten Felsen schlürft

die Stille von der ich spreche
duckt die Nacht
um Schatten zu werfen die sogar die Illusionen
terrorisieren die ich fabriziere

täglich stoße ich mit Gespenstern zusammen
die auf Tag-Nacht Straßen gehen
stündlich fühle ich das Heulen
ihrer winterlichen Herzen
in die Leichtigkeit brechen
die ich zu gehen gelernt habe

Ich habe versucht die brütende
Stille zu lesen
die sich selbst verrät mit
trockenem Husten
oder sich entfaltenden Runzeln

manchmal bin ich niedergesunken
auf alle viere
und habe die Erde mit einem Ohr glatt
geharkt um aufzufangen welches Murren
dort unter den Wurzeln
gleiten mag

Wie diese Stille
die ich höre
auf den Straßen der Verzweiflung
brütet
werde ich nie wissen

ich spreche
von einer Stille
die ich fürchte.

Taubenschläge

Jetzt da wir durch die Church Street gehen
gleichzeitig auf zwei Bahnen in der Commissioner
Street fahren
Die Voortrekker Street auf hüpfen und ab
An den Tischen des Union Buildings hocken
Unseren Platz in den Büros des Parlaments einnehmen
und unseren Blinddarm im Hospital entfernen lassen
Laßt uns nicht vergessen auf die Botschaften zu hören
die durch unsere zerstochenen Ohrläppchen gehen
oder etwa versäumen weißes Salz
auf dunkle Gluten eines tragbaren Ofens zu werfen
Laßt den Anker unseres Glaubens nicht
in einigen Krügen voll Metamorphosa stecken
noch in den schmächtigen Röhren der Artra
Vielmehr wollen wir uns besinnen
Wir sind dabei gewesen unsere Narben zu zähmen

dabei gewesen zu schreien: Freiheit Jetzt
Aber das Geratter eines Gewehres
hat selbst die Wurzeln unseres verfilzten Haares
gebeutelt
die Väter unserer Nester zerstreut
wie den höllischen Staub eines Hubschraubers
Nun überbrücken wir Gefühle
mit langen Tagen in Schmerz
Wir versuchen die Schulden zu zahlen
Schweiß tropft in langen Bahnen
Denn alle Taubenschläge bleiben zurück.

Ausgreifend

Wenn ich aufhöre Schatten zu belästigen
Wenn diese meine Hände
Nicht mehr Phantome der Vergangenheit wegfächeln
Dann werde ich wissen daß ich ungefähr da bin
Wo Entschuldigungen nicht leben
Ein Punkt, an dem ich einen anderen berühren kann
Ohne daß mir jemand Gesichter schneidet
Oder ein Lächeln hinbiegt
Das ungesagten Wahnsinn verbirgt

Ich möchte gern einen Frieden der Sinne
Eine sorglose Umarmung
Der Dinge um mich fühlen
Ich möchte wissen wie es ist
Diese Klänge zu erreichen

Die um mich ein totes Leben führen
Diese Kakophonie muß ich entziffern
Wie die Blütenblätter einer unbekannten Blume
O ja, ich bin so schrecklich ungeduldig geworden.

erkunde die Schönheit unseres Landes

entdecke wo die Sonne scheint
wo Schatten ewig säumen
wo Friede bereitsitzt wegzugehen
wo wilde Tiere darauf warten deine Gegenwart zu beschnüffeln
und wegzutollen

entdecke die Lage unserer Bergrücken
wo niedrig und wo hoch
den Drakensberg und seine Gasthäuser
wo der Tugela fällt und dann fließt
und ein reiches Versprechen gibt

immerhin mache alle diese Entdeckungen
aber sei nicht eilig
    zu klettern
    zu fallen
und zu verkünden

entdecke die weiten leeren Flächen
die gerne besiedelt sein wollen
und das Schweigen dazwischen
wo der Geschmack gereifter Wasser
den Sinn verzaubern kann und einen
mancherlei Geschwätz erliegen läßt

entdecke diese Weiten und sei aufgeregt
aber sei nicht erstaunt
    sie werden von manchen erjagt
    sie werden von anderen bebaut
    dennoch werden sie von niemandem übervölkert
entdecke die vielen Nationen in unserem Land
denn es ist ein Land von Stämmen

des afrikanischen
des englischen
des afrikaansen
des farbigen
des indischen
des jüdischen
und etc. etc. und etc.
entdecke, daß wir keineswegs ungebildete Leute sind
denn unser Land hat viele Stammesuniversitäten
wo viele unvoreingenommene Stammeszeitungen
lesen
denn unser Land ist das Land des südafrikanischen
Rundfunks
des Hüters der modernen Verdrehungen

entdecke den Durst unseres wundervollen Landes
und den verhungerten Geist der von Experimenten an
Menschen lebt

entdecke die Liebe die da ist
die wachend sitzt und wartet daß man sie gebraucht
und den Haß
der anschwillt und fließt der aus Furcht genährt wird

und wenn die Füße anfangen weh zu tun
und die Blasen beinahe platzen

und wenn die Ohren zu jucken beginnen
und das Hören die Seele verwundet

beklage dich nicht
stöhne nicht

entdecke wie die Leute im Zimmer sich gegenseitig
mißtrauen
entdecke wie die Leute um die Sache herumreden
entdecke wie die Leute gezwungen sind eine Lüge zu
leben

und wenn das Fleisch zu zucken beginnt
das Gefühl unfähig ist die Furcht zu entknoten

und wenn die Augenlider zu pfeifen beginnen
verspotte die Tränen
drücke sie
aber weine nicht

Und wenn du fühlst daß der Schmerz zu verstehen
beginnt
wie versinke ich darin bisweilen
in süßen Strömen die in meine Richtung fließen

und wenn du dich wunderst wie ich auf die Knie falle
um zu beten
nimm an du hast recht
du verstehst noch nicht wie ich gemacht wurde bevor
Zeit war

entdecke die Hoffnung die mit Verzweiflung lebt
entdecke die Ratten die an dieser Hoffnung nagen
entdecke die Sorge der stammeslosen Leute
entdecke das Land das einer Vision schmollt.

Anfang einer Ausweisung

An einem Montag

als einige Leute Taxis herbeiriefen
andere zu Bussen und Zügen hasteten

als Lehrer und Schulkinder
ihre Bücher packten
und aus dem Fenster spitzten ob
sowieso ihr Zeitanzeiger schon
zur Fabrik ging oder ins Büro

als der Kaufmann des Ortes
mit großen schläfrigen Augen
als wäre er eine Eule
an der Kasse saß und
auf einen frühen Kunden wartete
der ihn für sein Aufstehen entschädigte

als die Hausfrauen anfingen
ihre abgenutzten Körper zu beugen
und mit selbstgebundenen Grasbesen
auf dem Bürgersteig von den Höfen
Staub aufwirbelten

als eine Hebamme müde ihre Anweisungen
einer alten Dame hinwarf
deren Tochter gerade
ihr drittes Kind von ihrem
dritten Freund geboren hatte

wachten die ersten fünf Familien
auf
vom Dröhnen des Bulldozers
und der Ungeduld schwerer Lastwagen

Die Ausweisung hatte begonnen.

WALLY MONGANE SEROTE

Was dieses schwarze »Shit« bedeutet

Der kleine dampfende Haufen
in der Toilettenschüssel ist es nicht,
es ist der Aufstand der Gedärme,
die einem blutend aus dem Mund rutschen.
Man holt sie wieder herein
und rollt sie in der Mundhöhle.
Während man sie noch schmeckt,
wartet man gespannt
auf das nächste »Shit«.

Während ich noch darüber spreche,
hörst du eine alte Frau sagen: »Shit«,
gerade dort, gequetscht in ihre Streichholzschachtel
mit ihrer Korpulenz und ihrer gigantischen Lebens-
erfahrung.
Das macht sie zum Kind.
Denn am nächsten Tag ist sie doch wieder bei ihr,
immer noch, und serviert der Gnädigen den Tee,
die, krank vor Reichtum, um zehn Uhr morgens noch
im Bett liegt.
Für ihren Reichtum würde sie eher ihr Leben geben,
»als daß du meinen Sohn oder meine Tochter
heiratest.«

Dieses »Shit« kann die Form einer Handlung
annehmen.
Meine jüngere Schwester unter dem vollen Gewicht
meines Vaters.
Ihr Gesicht knallt zusammen mit seiner Stahlhand,
»denn sie hat den Zucker verschüttet, für den ich so
hart arbeite«,
sagt er und ist nicht zufrieden mit dem, was seine
Hände meiner schreienden kleinen Schwester antun.

Ich lerne dieses »Shit« noch besser sprechen,
seit ich vor ein paar Tagen
im Paßbüro gewesen bin,
um einen Arbeitsplatz zu finden.
Der Beamte dort hat mich nach Middleburg ausgewiesen.
Da habe ich hart und so gut ich konnte gesagt: »Shit!«
und habe mich ein bißchen besser gefühlt.
Das Gute daran ist, ich habe es ihm ins Gesicht gesagt,
das würde mein Vater nicht wagen.

Das bedeutet dieses schwarze »Shit«.

Hölle, na gut, Himmel

Ich weiß nicht, wo ich gewesen bin,
Aber Bruder,
Ich weiß, daß ich unterwegs bin.
Ich weiß nicht, wo ich gewesen bin,
Aber Bruder
Ich weiß, daß ich den Ruf gehört habe.
Hölle! wo ich war, habe ich leise geweint
Und doch habe ich da bis heute gesessen.
Ich weiß nicht, wo ich gewesen bin,
Aber Bruder,
Ich weiß, daß ich unterwegs bin;
Ich komme jetzt wie die Flut des Meeres,
Aber oh! unter mir ist Sand!
Ich weiß nicht, wo ich gewesen bin,
Daß ich mich so schwach fühle, Himmel! so erschöpft.
Aber Bruder,
War das Makunkus Horn?
Hölle! meine Seele schmerzt wie ein Körper der geschlagen wurde,
Und doch habe ich bis jetzt ausgehalten
Ich weiß nicht, wo ich gewesen bin,

Aber Bruder,
Ich weiß, daß ich unterwegs bin.
Ich weiß nicht, wo ich gewesen bin,
Aber Bruder, ich komme wie ein Gewitter über der Weide
Und oh! vor mir sind steinerne Wände!
Ich weiß nicht, wo ich gewesen bin,
Daß meine Angst so stark wie ein Wirbelwind ist (wird sie ebenso kurz sein?)
Aber Bruder,
Ich weiß, daß ich unterwegs bin.
Ich weiß nicht, wo ich gewesen bin,
Aber Bruder,
War das Dumiles Gestalt?
Hölle, mein Hirn pulsiert wie ein Herzschlag, es gibt keinen Frieden;
Und mein Körper voller Wunden – wann werden sie Narben sein? –
Und doch kann ich noch laufen und arbeiten und noch lächeln.
Ich weiß nicht, wo ich gewesen bin,
Aber Bruder,
Ich weiß, daß ich unterwegs bin.
Ich weiß nicht, wo ich gewesen bin,
Aber Bruder,
Ich habe eine Stimme wie Blitz und Donner über den Bergen.
Aber oh! da gibt es kupferne Blitzableiter gegen mich!
Ich weiß nicht, wo ich gewesen bin,
Daß meine Verzweiflung so tief und tief und tief ist,
Aber Bruder,
Ich weiß, daß ich unterwegs bin.
Ich weiß nicht, wo ich gewesen bin,
Aber Bruder,
War das Thokos Stimme?
Hölle, na gut, Himmel!

MANDLENKOSI LANGA

Gummistempel

Der Gummistempel schlägt nieder
in gefrorenem Bogen einer Bewegung
um auf meinem Paß zu landen
und widerhallende Stille zu
hinterlassen.
Der Stempel bedeutet
Daß ich beinah ein Mann bin
Ich kann die Schulter
Des großen weißen Gottes
streifen
Auf der West Street,
Bei der Suche nach ihren haltbaren Taschen voll Geld.
Die blutige Tinte in meiner Tasche
Ist größer als ich, mein Herr,
Und der Mann in Pretoria.
Der Gummistempel ist ein Gewehr
mit dem ich ungehindert Guerillero bin
Im weißen Dschungel.

Die Schweinerei mit der Pension

Ich führe sie herein.
Eine Sepiafigur hundert Jahre alt.
Blaue Eisstücke starren,
Ein roter Schnitt gafft.
»Was will sie?«
Ich übersetze: »Pension, Herr!«
»Nutzloses Kaffernweib,
Faul wie der schwarze Teufel.
Sie kriegt einen Scheißdreck.«
Ich übersetze.
»Mein Mann hat sich geplagt,

hat sich impotent geschuftet
mit schwerer Arbeit.
Er hat Steuern gezahlt wie du.
Ich bin alt genug für eine Pension.
Ich bin vor den großen Kriegen geboren
und sah wie mein Vater solchen wie dir
die Kehle aufgeschlitzt hat.«
Ich übersetze nicht,
Sie erhält ihre Pension sowieso nicht.

NKATHAZO KA MNYAYIZA

Verdienen sie das?

Laß sie im Morgengrauen aufwachen
    um endlose Gräben zu graben;
Laß sie große Felsen schleppen
    für Straßen und Autobahnen;
Laß sie Tee kochen
    und stehen von morgens
    bis abends.
Laß sie eingepfercht sein
    in Ghettozügen mit selbstschließenden Türen.
Laß sie sitzen oder stehen
    auf offenem Bürgersteig
    Fisch und Chips essen
    mit drei Stücken weißem Brot.
Laß sie Dörfer und Städte bauen
    aus denen sie eines Tages ausgewiesen werden
    denn sie gehören nicht dahin.

»Immerhin verdienen sie es,
denn sie entwickeln
ihr eigenes Land.«

Laß sie ›ijuba‹ verkaufen
damit sie leben können;
denn wenn sie es nicht tun
müssen sie verhungern.
Laß sie lobola bezahlen
aber im Stil der Weißen heiraten;
denn wenn sie es nicht tun
nennt man sie Heiden.
Laß sie eine Maske tragen;
von Glück und Freiheit;
denn wenn sie es nicht tun
wird ihnen gekündigt.
Laß sie Pässe tragen;
denn wenn sie es nicht tun
wirft man sie ins Gefängnis.
Laß sie betteln;
denn wenn sie es nicht tun
werden sie dir Kuhmist
in die Augen werfen.

Schwarzer Freitag 1972

Eingepfercht Brust-an-Rücken
schwatzten sie
schrien unter Lachen
schluckten berauschende Getränke
sangen zum Trommelschlag des Zionisten
das fröhliche Lied
von den knirschenden Rädern unter der Erde
waren auf dem Weg nach Hause oder in die Gemeinden
in einem verrauchten Ghettozug
als plötzlich
abbrach das Lachen.
Tod war da
und Staub stieg auf
als sie auf die trockene versengte Erde schlugen;

Räder drehten sich in der Luft
    Körper lagen da
        tote auf lebenden
    und Blut floß
aus den toten und verletzten Körpern
die aufgerissenen Schienen entlang;
und ein Huhn lugte aus
einem Glen-Tee-Karton
        um frische Luft zu bekommen;
krähte
        und zog den Kopf wieder ein.

Ein Tag in unserm Leben

1. Was ist Schmerz?
Frag irgendeinen schwarzen Mann
er sagt es dir
in keinem Wörterbuch braucht er nachzuschlagen
wie es ist wenn man aufgegriffen
in den Rücken getreten wird
hineinfliegt – kopfüber
gegen das Reserverad schlägt
und durch die Stadt gefahren wird
kostenlos!
Frag irgendeinen schwarzen Mann
er sagt es dir
in keinem Wörterbuch braucht er nachzuschlagen
wie es ist, wenn man aufgegriffen wird
weil man singen soll über ›gewisse Dinge‹
die einen Freund angehen der dich immer dazu anhält
deine Meinung über die MPLA zu sagen
über FRELIMO FNLA und Umkhonto kashaka
wer weiß?
vielleicht ist er gefährlich
hast du schon mal einen Polizeispitzel
in Uniform gesehen?

Frag irgendeinen schwarzen Mann
er sagt es dir
in keinem Wörterbuch braucht er nachzuschlagen
wie schmerzhaft es ist
wenn du in einem kalten kerzenbeleuchteten Zimmer
sitzt und schreibst
bis in die frühen Stunden des nächsten Tages
und dir dann deine Arbeit verboten
die Zukunft deines Verlegers ruiniert wird.
Frag irgendeinen schwarzen Mann
er sagt es dir
in keinem Wörterbuch braucht er nachzuschlagen
wie schlimm es ist
wenn einem bessere Löhne in zehn Jahren
versprochen werden
während Inflation und Lebenskosten täglich steigen
frag irgendeinen schwarzen Mann
er sagt es dir
in keinem Wörterbuch braucht er nachzuschlagen
was Schmerz ist
geh frag ihn.

2. Straßensperre
Ich weiß wirklich nicht
warum sie es immer morgens machen
wenn wir keine Minute zu verlieren haben
wir alle zur Arbeit hasten
da werden wir angehalten und müssen zufuß weiter
weil unser Fahrzeug nicht verkehrssicher ist.

3. »Das Essen ist schlecht«
»Das Essen ist schlecht
und der Tee wird uns
in Emaillebecher geschüttet«
so haben sie geschrien
und vorgeschlagen
die Werkzeuge hinzulegen oder die Maschinen
laufen zu lassen.

»Bestimmt ein paar Männer
die eure Beschwerde dem Manager stecken«
hat er gesagt und versucht seiner Stimme Nachdruck
zu geben in dem wütenden schwarzen Schwarm.
Seine Augen
haben Angst verraten während er geduldig
auf die Antwort wartete.
Sie ist gekommen
bündig geradeheraus:
»Das hat keinen Zweck
sie setzen ihnen Curry vor und Reis
und schon vergessen sie uns.«

4. Adjmeri Arcade (Durban)
Hey, Mann!
Langsam.
Du wirfst die Leute um
Wenn du dich so schnell bewegst.
Hier ist es verdammt nochmal
gerammelt voll von Leuten
Leuten die musik-verrückt sind.
Swinge, Mann!
Diese Platte ist das Beste
Vom Plattenkönig.
Achte auf dein Portemonnaie, mein Herr
Achte auf deinen Geldbeutel, meine Dame!
Hier gibt es zu viele Taschendiebe
Jederzeit könnt ihr beklaut werden.
Ah! Sieh die Mädchen!
Sind sie nicht schön?
Lockere die Zunge, Mann
Du kannst es kriegen dein
– Bis der Tod uns scheidet hier.

OUPA THANDO MTHIMKULE

Neunzehnhundertsechsundsiebzig

Geh neunzehnhundertsechsundsiebzig
Wir brauchen dich nicht mehr
Komm nie wieder
Der Schmerz sitzt in uns.
Gute Freunde haben wir
verloren.
Neunzehnhundertsechsundsiebzig
du bist angeklagt
wegen Ermordeter
Verhafteter
Ausgewiesener
Gefangener
Du hast die Schlacht verloren
Du warst nicht revolutionär
genug.
Wir prahlen nicht mit dir
Jahr des Feuers, Jahr der Asche.

ROBERT GREIG

Radionachrichten – die Prozesse

I
In seiner Verteidigung leugnete
der frühere Premierminister Vorster,
daß er ein Unmensch sei
und bat um eine zweite Chance.

II
Frau Suzman, in ihrem Prozeß,
Sagte, sie glaube fest
An die unveräußerlichen Rechte
Der Landbesitzer.

III
Herr Harry Rupert
Bekannte sich ›nicht schuldig‹.
Er teile alles, sagte er:
Als Zeugen nannte er
Den Chauffeur
Der seinen Bentley fährt.

IV
Der Dekan von Johannesburg
Sagte, er kenne Christus nicht
persönlich
Deshalb könne er nicht zugeben
(oder leugnen),
Daß er ein Revolutionär gewesen sei.

V
Kaiser Matanzima
Sagte heute, er unterstütze die Apartheid.
Er fragte den Richter
»Würden Sie Ihrer Tochter
Erlauben,
Den verstorbenen Blaar Coetzee zu heiraten?«

VI
In einer Fernsehsendung
Vor seiner Exekution
Sagte Doktor Piet Meyer,
Er mache für die Revolution
Die Erfindung
Des Rades verantwortlich.

VII
General van den Bergh
Leugnete, daß er BOSS gewesen sei.
Sagte, Gott wäre es gewesen.

JENNIFER DAVIDS

Für Albert Luthuli (21. 6. 67)

Du, ein Fragment der Sonne,
gehe und drehe die Welt
in der langen Kraft
deiner Finger

Gebunden
hast du mich
Freiheit gelehrt

Zum Schweigen gebracht
hast du mich
sprechen gelehrt

Irgendwo hat ein Zug
seine Bestimmung erreicht
und heute Nacht umgreift
die kalte Klaue des Winters
die Welt

Aber jenseits
die endlosen Pulsschläge des Raums
werden lauter
und die Sterne die das Dunkel durchbrechen
werden groß

Gehe nun Vater
frei
von Sonne zu Sonne

JAMES MATTHEWS

Man sagt

Man sagt
Dichter schreiben über die Schönheit der
Form über Blumen und über Liebe aber
die Worte die ich schreibe
sind Schmerz und Wut

Ein Minnesänger bin ich nicht
der Freudenlieder singt
mein Lied ist eine Klage

Ich klage über ein scheußliches Land
mit offenen Gräbern die
auf die Geschlachteten warten

Balladensänger singen lautenschlagend von
glücklichen Zeiten
ich kann ihrer frohen Laune nicht folgen
mein Herz ist in Bitterkeit ertrunken
gequält durch
das Gesetz des weißen Mannes.

Paßkontrolle

Das Gesicht meiner Mutter nimmt die Gestalt
einer erschreckten Maus an
wenn sie den Schritt eines Polizisten hört
das furchterfüllte Flattern ihres Herzens ist ein
Vogel im Netz
mein Vater friert seine Gefühle ein wenn man
den Paß von ihm verlangt
und ich sehe wie das Feuer in seinen Augen
langsam stirbt
wenn seine Hand nach dem Recht zu überleben
tastet.

Kleiner schwarzer Junge

Kleiner schwarzer Junge
mit mond-verrückten Augen
sitzt auf der Veranda
in Alexandra
starrt in den Himmel
zeichnet unsichtbare Szenen
seine Gedanken ein Durcheinander
bestimmt unbestimmbare Dinge
seine Freude unverständlich
den Kindern die vorübergehn
die kichern in ihre rosa Handflächen
und ein schwarzer Mann
auf dem Thron
seines uralten Fahrrades sitzend
sein Gesicht erhellt vom Schweiß
betrachtet sie feierlich
während er vorüberradelt

KEITH GOTTSCHALK

Der Prozeß

zuerst
haben wir die frage der prozedur

du bist schuldig bis du bewiesen hast daß du
unschuldig bist
gibt da dein murren zu daß du als flugblatt durch
zuhörende straßen verbreitet hast um
hoffnung in arbeitende ohren zu flüstern?

verschwende nicht die zeit des gerichtes
mit demokratischer redefreiheit oder der abweichen-
den meinung
daß du keinen schaden angerichtet hast

die absicht des gesetzgebers ist deutlich

als nächstes
haben wir die frage der zulässigkeit

langweile uns nicht mit der nacht in der du geknebelt
warst

mit der zerschrienen nacht des handgekurbelten
stromgenerators
der gliederreißenden dem schmerz geweihten nacht

dieser gerichtshof verfügt daß dein hinken nicht zur
sache gehört
endlich
haben wir die frage der mildernden umstände

beachte: mildernde umstände nicht politik
auf welche statuten oder präzedenzfälle berufen sich
dein

geschrumpfter magen
die begräbnisse deiner ausgewiesenen kinder deine schreie die
die budenvorstadt umgepflügt haben?

moralische zwecke sind keine mildernden umstände

nun
zum urteil

schwarze zuschauer gebt acht: die würde dieses gerichtshofes ist gröblich beleidigt
durch geballte fäuste und *Nkosi Sikelele*
vom leben des angeklagten

streicht das gericht fünfzehn jahre.

Verbotene Träume

Reifen greifen, kreischen Halt auf dämmerndem Asphalt
MP-Kolben zerschlagen die sich duckende Tür
im Tarnanzug klotzen sie unseren Gang herunter
der Strahlenfinger einer Stabtaschenlampe sticht mir in die Augen
eine haarige Faust die den Schlagstock umklammert
schüttelt mir die Schulter
ich wälze mich ich murmele
»Mann«
sagen sie
»Du träumst schon wieder
Auf Grund des Notstandsgesetzes zur Unterdrückung der Träume

Paragraph sieben, Klammern b
fordere ich deinen Traum
mit lauter Stimme in beiden Landessprachen auf,
sofort auseinanderzugehen.«

Leichenhalle der Polizei, Salt River

antenne niedrige ziegelwand
verkümmerte kakteen rasierter rasen
liegen still grau
unter dem straffen bahrtuch aus fabrikruß

hier
teilt sich der styx
in NICHTWEISSE und WEISSE
so etikettiert und uns so etikettierend
jenseits
schwebst du an einem schalter vorbei
zwei safarianzüge erzählen sich witze
und ignorieren dein leeräuiges eindringen

du hörst deine chloroformierte stimme
die nachricht der polizei wiederholen
ein dritter safarianzug winkt dich
in sein endbüro und setzt
dich neben seinen porzellan-schädel-aschenbecher

hier
werden abgerollte fragen
zu seinen vorher eingetragenen antworten
unterzeichnet
die seiten kleben an trockenem kohlepapier
und werden in einem khakiumschlag verstaut

du weißt nicht wie aber du weißt was
du schleppst dich hinter ihm her
vom büro zum fließband
in dieser konservenfabrik für zurückgewiesene
menschen

die KEIN ZUGANG türen gewähren zugang
du ignorierst das verstohlene scharren eines
grüngekleideten mannes mit langen handschuhen
du erreichst
die tür
sie ist geöffnet du wirst eingelassen

das vorzimmer ist still
in der wand verschließt eine versiegelte glasplatte
den eingehüllten tod
dahinter
zeigen sie einen halben menschenkopf
fahl eingesunken du nickst erkennen

und gehst

trägst
ein paket in braunem papier das sie dir ausgehändigt
haben
darin zwei armringe sieben rand gebrauchte socken
kaputte schuhe schmutzige taschentücher glaslose
brille
hemdfetzen blutgetränkte jeans

drinnen
zerteilt eine rote kugelschreiberlinie seinen namen
löscht ihn gelangweilt aus
während die antenne die nächste nachricht empfängt

Die Ermordung Richard Turners

Ereignisse
liefern uns einen neuen Anlaß für politische Versammlungen:
das Begräbnis.

in diesen Tagen
sind unsere Führer der Zukunft
alle im Untergrund

Unsere Friedhöfe sind eine Art Parlament geworden
wo sich unsere zukünftigen Gesetzgeber
zu einem Quorum versammeln

ganze Parteitage von Leichen
sind unter dem Boden aufgebahrt
und nehmen den Vorbeimarsch des Volkes ab:

Hector Petersen
Iman Haron
Elija Loza
Joseph Mdluli
Steve Biko

jetzt begraben wir dich, Richard Turner, dich
dem die Verbannung verbot Steve Biko jemals wiederzusehen
jetzt trefft ihr euch wieder

deine fünf Jahre
von denen nur noch ein Monat übrig war
enden nie mehr

du
erst von der Politik ausgeschlossen
bist jetzt vom Leben ausgeschlossen

aber während wir dich begraben, Richard Turner,
wisse, daß deine Worte leben, daß deine Ideen
durch das Nadelöhr zu allen dringen
und daß für jedes Grab auf jedem Friedhof in unserem Land
tausend geballte Fäuste für die Freiheit sich erheben!

VIKIZITHA WYCLIFFE MTSHALI

Nach Hause gegangen

Wenn ich die Decke nicht wegstrample,
während die Sirene ruft,
wenn meine Arbeitskleider
noch am Nagel hängen,
nachdem die Sonne schon aufgegangen ist,
wenn du mich vermißt
am Morgen in der Schlange am Bus
dann wisse ich bin gegangen.

Wenn mein Hund winselt
an meiner Schwelle,
wenn mein Herd kalt ist
und mein Schornstein nicht raucht
dann wisse ich bin gegangen.

Wenn du eine rostige
Pflugschar klingen hörst
vergib mir;
vergiß mich;
denn ich bin nach Hause gegangen
endlich
nach Hause um zu ruhen.

HOWARD EYBERS

Massenauszug

Sie sagen
Geschichte wiederholt sich
so sagen sie
selbstverständlich hat es schon
einmal einen Massenauszug gegeben
in der biblischen Geschichte
aus Ägypten
durch das Rote Meer
als die Menschen vor Pharao geflüchtet sind

Diese Israeliten damals sind marschiert
mit ihren Paketen
und ihren Bündeln auf dem Kopf
wie auf Safari
in schreiender Hitze
unter einer gnadenlosen Sonne
durch braungerösteten Wüstensand
sind sie gewatet

Wir haben uns aufgemacht
mit Pferdekarren und Schubkarren
mit Fischwagen und alten Rumpelkisten
mit allen unseren Möbeln

Nicht in das Land wo Milch und Honig fließen
nicht durch das Rote Meer
sondern durch die geschäftigen Straßen im
Sechsten Distrikt

durch die Felder von Goodwood
durch die Hauptstraße von Simonstown
durch alle die schönen Gegenden die uns gekannt
haben.

C. D. NOBLE

Wer ist der Regen?

(für Dan)

Hat es nicht geregnet? Na, vielleicht schon.
In der Nacht des achtzehnten,
Hat es nicht gehagelt
Am Samstag?
Yeah! im Januar da hat es gestürmt
Yep! in Jeppestown
Da kamen twa, twa, twang
Kugeln die an die Mauern klatschten
da unten in der Schlucht wo
meine Mutter immer spielte
barfuß als sie in der Mainstreet aufwuchs
und
prallten ab
    das Gewicht und der Druck des Hagels
    verdammt
    Beton wird schwimmen müssen
    Granit fließen
    Eisen und Stahl Wasser treten
  etwas müde
Wir quellen herauf
    wir sind Wasser und Eis
gefrorenes Feuer, das keine Hitze taut
    wir sind die Armen
wir stoßen zusammen mit modernen Autos
wir zerbrechen eingeglaste Pioniere, versteckt
hinter einer Uniform, bewaffnet,
Wache stehend
gegen das vereiste Dunkel
Sieh hin!
  mit Pangas und Beilen
  spielen die Kinder
  in den Vorstädten der Schwarzen heute
  Zielscheiben für Gewehre

schmecken sie Schlachtung und Blut
von unseren Regengöttinnen
die unser geduldiges Leiden erproben
wer kann am besten ertragen
Was Gott sich leistet
abfangend
zusammengedrängte Wolkenbarrikaden
wir lehnen an dieser zerfallenen
City die unsere schwarze Stadtkultur verschlingt
gereinigt
für aufgeblasenen Genuß im Brooke-Theater
wo die Schauspieler von Ipi-Tombi
für ihr Brot
spielen.
Was für ein Spiel ist das?
Wir dürfen da nicht hin, ausgeschlossen, verriegelt
schwarz
der Himmel
der Damm bricht
Wir sind Tropfen des Lebens
gespannte Oberfläche, die
den Tod ertränkt
neu erbaut
in scheußlich stinkenden
septischen Häusern und aussätzigen Rohren
schwimmender Kot
ausgekotzter Abfall
der langen Jahre die wir von
den Krankheiten gelebt haben
die wir gewohnt sind.

Wir sind die lebenden Wasser, imun,
entspringen aus Quellen, wie Geschichte, wie
Himmel,
die nicht verbannt werden können,
nicht ins Exil geschickt,
und nicht verurteilt:
»Wenn es regnet, regnet es«

und Damen werden mehr ausziehen als nur die
Schuhe
in der gewaltigen Zeit der Fluten
Rouge, Puder und
Lippenstift
selbst das Make-up
die komplette kosmetische
Fassade
bis wir
gekleidet in neue Identität
lächeln werden
an einem Werktag, hell,
und grüßen mit Selbstverständlichkeit die gefundenen
Brüder und Schwestern, und sagen:
Na, hat es nicht geregnet? Und ob!

DONALD PARENZEE

Ich habe einen Platz auf meinem Schreibtisch freigemacht

Ich habe einen Platz auf meinem Schreibtisch freige-
macht
Für zwei weiße Seiten Papier, sie existieren kaum
mitten in all dem Krempel
der mir weniger und weniger bedeutet.
Kataloge, getippte Seiten, flüchtige Skizzen, Kaffee,
Messer, Bleistifte, haben ihr eigenes Leben
und erklären meiner Morgenhand den Krieg.
Diese Worte bedeuten weniger als sie versprochen
haben,
weniger als letzte Nacht.
Die Worte, die ich vor zwei Nächten gesprochen habe
zungenfertig (verzweifelt, wie ich jetzt weiß)
erweisen sich jetzt als unscharf und verzweifelt.

Es ist immer schwieriger geworden, die Illusion aufrechtzuerhalten,
den Kopf zu schütteln, eine Pose einzunehmen,
und sich zu unterhalten, entweder mit den Sternen
oder mit den schwarzen Formen der Gebäude.
Selbst das Dichten über Bäume gilt weniger.
Man braucht viel mehr als ein ständiges Aufpolieren von Ideen.
Sogar Dichtung verliert ihren Schein,
ihre Geräusche werden vertraut;
wenn dieselben Formen in demselben Himmel schweben
und dasselbe barmherzige Echo geben.

Man arbeitet mit Dingen, unbeseelt,
ständig. Die menschliche Stimme,
die zu reflektieren versucht,
wird eine bloße Reflexion, betäubt
von dem kalten Glas des Spiegels.
Ich wage nicht, den Kopf zu dieser späten Stunde zu erheben.
Zu viele dieser gefrorenen Gesichter stehen mir gegenüber,
betrachten meine Aufführung mit Worten.
Höre. Du wirst
die vertrauten Geräusche der Zustimmung erkennen:
die Löffel applaudieren, die klappernden Tasten applaudieren.

Nur die Zustimmung des schwarzen Himmels schweigt,
und das kann man verstehen.
Seine Stimme ist schließlich nicht menschlich.
Wir machen daraus, was wir wollen.
Dennoch ist dies nicht die richtige Richtung,
viel zu nahe am Boden, sagst du.
Das ist so leicht zu sagen,
»Verzweifle nicht«

Ja, ich habe das geschrieben;
mit Worten gespielt, wie ich es jetzt tue,
aber das ist nicht genug (natürlich wissen wir das alle).

Bitterkeit, allerdings, ist auch eine Pose. Sogar jetzt
sehe ich, daß ich nicht zum Kern durchdringen kann;
wie dem auch sei ich habe Optimismus gemeint
mit jedem Tropfen der jemals aus meiner Feder floß.
Ich weiß das alles.

Daß die Landschaft der Gestalt im Vordergrund die
Bedeutung gibt.
Die aufgeblasene Brust, das Gewehr und die Stiefel
transzendieren und geben uns Hoffnung,
wenn wir sie gegen das Feld und den Himmel ihres
Jahrhunderts sehen.

Aber diese Verzweiflung, dieses Niederschreiben von
Nutzlosem
muß ebenso gesehen werden vor dem
überwachsenen Gras, dem sich schälenden Schmutz
meines Hauses
mehr noch, gegen das Waffenlager, das gerade
hinter dem Horizont wartet. Muß gehört werden,
wie ein Schrei, in der Stille der Kapebenen.
Höre genau, dann hörst du davor und dahinter
die rhythmischen, beinahe mechanisch pochenden
Geräusche,
die von leisen Schlägereien stammen.
Darum muß der magere Platz, den ich vor mir
geräumt habe, wachsen,
müssen die Kataloge des Unbelebten, die sich um ihn
herum undeutlich abzeichnen
in Bewegung umgewandelt werden, nicht nur das,
müssen gebraucht werden.
Wir brauchen solche Inventare unserer Schwächen
und mageren Beiträge.

Sie müssen in Blindenschrift geschrieben werden
damit sie unser verweichlichtes Fleisch aufreißen.

Wenn ich also von Liebe spreche, laß dich nicht verführen
durch das Wort. Denk nicht an Blumen.
Aber denk. Wir haben viele
solcher Abstraktionen geerbt.
Lebloser Herrscher.
Freiheit
und Kampf
gehören dazu.

Wir müssen sie in ihre Einzelteile zerlegen,
und wenn wir sie wieder zusammensetzen,
darauf achten, daß sie blühen
mit Armen und menschlichen Köpfen.

Links?

die frage ist: schreibt und spricht man nur um die freiheit
    als bild zu erschaffen?
    müssen wir warten
bis die gestalt der freiheit sich zeigt
und die zeit reif ist dafür
    daß wir gewiß realisten sind?
aber dieses fragen zeigt auch unseren zustand zeigt daß sogar
    fragen
eine art von leiden ist; und dieses gerede ist nötig
    damit der kampf weitergeht.
    mut
haben wir zu wenig also schreiben wir
und sprechen und ahmen
große männer nach.

wir führen
unsere bilder an der leine und bauen ein gefängnis
so wirklich daß es nicht mehr nötig ist ihm
zu entkommen; wir leiden selbst
unter den besten politikern und
den schlechtesten. Wir sind gerechtfertigt
wenn auch nicht vollständig befreit. Dahin
müssen wir erst noch kommen.

DOLLAR BRAND

Afrika, Musik und Show Business

I
Geographie
so viele Theorien über Ost und West
eines ist jedenfalls sicher
diese Erde
ist rund

II
Sklavenglocke
Sklave
meistere deine Glocke
deinem Meister
hing man wie der Katze
eine Glocke um
Mit der Zeit
keine Uhren
kein Himmelsstrich
vereinbaren
den späten Nachmittag
oder den frühen Morgen
für die Toten

düster schlägt die gleiche Glocke, die Freude läutet,
Glocke
Sklave
Zeit ist dein Meister

III
Spiritual
Wenn ich in den Himmel komm, spiel ich meine Harfe
Spiel ich überall in Gottes Himmel

Aber nur mit den Typen, die was von Jazz verstehen

IV
Westlicher Einfluß
Main bäibi issa weinen bah bah für mich
Ich gib ihr das Mango
Ich gib ihr das Banana
Aber sie iss immer weinen bah bah für mich

V
rhythm afrique
Jeey hat die größten Füße
Also spielt er den Tenor

VI
Blues für den Distrikt Sechs
Früh an einem Neujahrsmorgen
Als die emeraldgrüne Bucht ihre klaren Wasser gegen den lauten Hafen schlug
Sprang ein ruheloser Südost über den schlummernden Löwenkopf
Tanzte die Hanoverstraße hinauf
Entlockte Tenor dem zotigen Banjo
Gab einem alten Cello Saiten

Überbrückte eine Menge Guitarren
Tamburinte durch eine schmutzige Gasse
In einen parfümierten spinnenverwebten Raum
prasselt den mit einem sechsten Sinn begabten Distrikt
in ein loderndes Sumpffeuer aus Samtton

Früh an einem Neujahrsmorgen
als die klagende Bucht ihre schmutzigen Wasser gegen den verlassenen Hafen trauerte
brüllte ein blutdürstiger Südost über den hungrigen Löwenkopf
und geisterte Hanoverstraße hinauf
leer
verloren
spinnenverwebt mit Schwermut

VII
Wo die stillen Wasser der Einsamkeit sich mit Nostalgie vermischen
und der Morgen durch der Stadt Sonne und Rauch bricht
und sich türmende graue Gebäude murmeln
grimmiges U-Bahn-Knurren in ihren Wurzeln
taste ich leere Gesichter und trauriges Lächeln ab
und sehne mich nach Hause

VIII
Ballett für müde Söhne und Liebhaber
Glasperlengürtel – das ist die Tragödie des berühmten Sohnes eines vorstädtischen schwarzen Häuptlings, der seine Gurte wegwirft, weil er von der scheinbaren Nutzlosigkeit seines magischen Perlenwerkes enttäuscht ist, und mit einer schnellreisenden – nordwärtsgerichteten – Verkäuferin davonläuft.
Nachdem sie ihn mit ihren hypnotischen, synthetischen Ornamenten hypnotisiert hat, schließt sie

ihn in ein Modemagazin ein. Um ihn beschäftigt, zufrieden und in ihrer Gewalt zu halten, kleidet sie ihn in so viele Glasperlengürtel, daß er erstickt und seine Stimme verliert, sich in endgültiger Verzweiflung erdrosselt und stirbt.

IX
Wind auf
der südliche Frühling windet
mich entzwei
der ich in stahlkalter nördlicher Großstadt überwintert
sprödäugige Neonlichter bewachen meinen leeren Magen
das andere
ein abgeblendeter Sommer
gefilmt in meiner Jugend
als Matinee jede Minute jedes öden Tages aufgeführt

X
Zweifacher Betrug
am Morgen kamen weißgekleidete weiße Männer in einem großen weißen Auto
sie nahmen ihn mit

am Nachmittag kamen schwarzgekleidete schwarze Männer in einem großen schwarzen Auto
sie nahmen ihn mit

XI
die terrorisierte Dämmerung schreit
das Land
anfangs
Liebe war
die Zündschnur die
alles in Brand setzte

Ton
und grünblättrige Sonne trieb meinen Bock an wie
ein Dynamo
der nun versteinert im dröhnenden Zwielicht
galoppiert
durch Felder von weitäugigen Bitten leerer Mägen
bis dahin wo die Mitternacht sich verbirgt
dunkel gekleidet dreiarmig unvermeidlich
eine Hand nach einem Paar fliehender Waagen aus-
gestreckt
eine leere Stunde verglast
und zuletzt
fällt eine blutige Feder aus einer gelähmten Hand

XII
die Harmonika
es hat geregnet
und im Rinnstein liegt die Harmonika
gurgelt unzusammenhängend

der Mann bückte sich
um das Instrument aufzuheben
und es gehorchte und spielte
und die Leute hörten ihn und liebten ihn

er wohnte in den Wolkenkratzern und blies Wind
und bald wurden seine Füße unsicher

eines Morgens als er herunterkam um seine Sinne
auszugraben
war es zu spät
der Bürgersteig tat sich auf und schlug ihn gewalt-
sam am Kopf
und die Kinder liefen mit Stücken seines Gehirns
weg

und die Harmonika röchelte zurück in den Rinn-
stein

wohin sie
zu Anbeginn aller Zeiten gefallen war

FINALE
das Leben im Nationalpark / oder – nimm fünf
    Gestern abend stolperten zwei Affen über ein
    ERSTAUNLICHES
    KOLOSSALES
    FANTASTISCHES
    Geheimnis

    in der Umgebung eines afrikanischen Dorfes
    wo sie ihre völlige Besoffenheit ausschliefen
    entdeckten sie eine uralte Uhr
    die tickte in 1979 1/4/ 35 1/2
    (sie haben es ausgerechnet)

    sie jubilierten

    nach einer langen Diskussion
    wer ihr rechtmäßiger Eigentümer sei
    (sie zogen sogar Lose)
    beschlossen sie schließlich daß die ganze Welt
                                                                    dieses
    erstaunliche Phänomen kennenlernen sollte und
    indem sie ihr übliches
    ›Bezahle-während-du-hörst‹ Ritual gebrauchten,
    könnten sie sicher
    ein Leben in Glück verbringen, und wenn alles
    schief ginge würden sie
    ENTDECKEN
    AUSGRABEN
    und sogar
    noch mehr Uhren
    ERFINDEN

    An diesem Morgen aus einem obskuren Grunde
                                                    (so dachten sie)

entschloß sich die Uhr auf 4/4 umzuwechseln

sie waren rasend

man zog gelehrte Gorillas heran um dieses entsetzliche Beispiel von Ungehorsam zu untersuchen

der Vorschlag den Mechanismus der Uhr zu untersuchen wurde, halbherzig, angenommen
aber leider war es zu spät
denn als sie die Feder berührten gab es eine erschreckende Explosion
und das ganze Affenkönigreich wurde in Stücke zerrissen

das daraus entstehende Jucken weckt die ZEIT auf
und sie kratzte sich zerstreut unter der Achselhöhle.

Distrikt Sechs: Distrikt am Rande der Innenstadt Kapstadts der traditionell gemischtrassig war. Er wurde von den Nationalisten zur ›weißen‹ Vorstadt erklärt.
Löwenkopf: Berg über der Innenstadt Kapstadts

ANMERKUNGEN

(in alphabetischer Reihenfolge)

Adam Kok: Anführer der Mischlinge, die im 19. Jahrhundert aus dem Kap auswanderten und sich im Oranje-Vrystaat ansiedelten.

Adjmeri Arcade: indischer Basar am Rand der Innenstadt in Durban.

Albert Luthuli: Präsident des ANC, Friedensnobelpreisträger, lebte nach Sharpeville bis zu seinem Tode im Bann.

Alexandra: schwarze Vorstadt im Norden von Johannesburg.

ANC: African National Congress, die größte der schwarzen Oppositionsparteien in Südafrika, verboten durch das Gesetz gegen die Verbreitung des Kommunismus, seit Sharpeville.

Anton Rupert: Großindustrieller

Arta: Flüssigkeit

Aspro: Aspirin

Bantustans: Die Politik der Apartheid versucht unter anderem, die politische Unmündigkeit der Schwarzen in Südafrika dadurch zu rechtfertigen, daß sie Bürger ihrer eigenen schwarzen ›Heimatländer‹ seien. Diese Bantustans umfassen aber nur etwa 13 % der Landfläche Südafrikas für mehr als 3/4 der Bevölkerung, liegen fast durchgehend in Trockengebieten ohne großes landwirtschaftliches Potential (abgesehen von der Transkei), sind durch die Überbevölkerung erodiert und ohne Industrie. Die in diesen Gebieten eingesetzten Regierungen sind fast durchweg von der südafrikanischen Regierung abhängige Marionettenregierungen, die wirklichen politischen Organisationen der Schwarzen, ANC und PAC sind auch dort verboten.

Blaar Coetze: ein besonders reaktionärer Nationalist, Minister im Kabinett Vorsters.

Bloedriver: 1838, als eine kleine Schar von Buren in einem Wagenlager einen ganzen Tag lang gegen den Ansturm von Tausenden von Zulus aushielten, versprach der Anführer seinem Gott, diesen Tag auf ewig als Sabbath zu feiern, falls man die Schlacht überlebte.

Bloemfontein: Hauptstadt des Oranje-Vrystaat, als Hochburg des Afrikaner-Nationalismus bekannt. Sitz des Appellationsgerichtes.

blutige Tinte: rote Stempelfarbe

BOSS: Büro für Staatssicherheit

Broederbond: Geheimorganisation der Afrikaner-Nationalisten, aus der sich fast alle Mitglieder der Regierung und der Provinzialregierungen rekrutieren. Beinahe alle wichtigen Posten im Staat, Armee, Polizei, Radio, Fernsehen, Schule und Universität sind von Mitgliedern dieser Organisation besetzt. Präsident ist im Augenblick Prof. Viljoen, der Administrator von Namibia.

Cato Manor, Gelvandale: Orte in Natal, Aufstände und Streiks in den sechziger Jahren.

Chief Kaiser Matamzima: Präsident des ›unabhängigen‹ Staates Transkei; die Transkei war eine der ersten

›Bantustans‹, die von Südafrika ›unabhängig‹ wurden.

Churchstreet: Straße in Pretoria

Commissioner Street: Straße in Johannesburg

Dekan von Johannesburg: Würdenträger der Anglikanischen Kirche.

Dimbaza, Welcome Valley, Limehill, Stinkwater: Umsiedlungslager. Arbeitslose Schwarze in den Städten und auf weißem Farmgebiet ansässige Schwarze wurden auf Befehl der Regierung in diese Lager umgesiedelt, in denen es oft keine sanitären Anlagen, meist nur zugige Zelte und keine Arbeit gab. Massensterben durch Seuchen und Hungersnot.

Dingaansdag: 16. Dezember, nationaler Feiertag zur Erinnerung an die Schlacht von Bloedriver.

Dingana, Sezangakhona: nach Zulukönigen benannte Orte in Zululand.

Frelimo: die Befreiungsbewegung von Moçambique.

Goodwood: Stadtteil in Kapstadt, bis etwa 1960 gemischtrassig, seitdem wird, wegen der Apartheidspolitik der nationalen Regierung, versucht, die Mischlinge und Schwarzen aus diesem Distrikt auszusiedeln.

Gras der Eingeweihten: Während des Initiationsrituals tragen die jungen Männer nur eine Schürze aus Gras. Wer das Gras der Eingeweihten trägt, ist mannbar geworden.

Große Kriege: Zulu- und Xhosakriege am Ende des 19. Jahrhunderts.

Hangklip: Kap an der Südküste Südafrikas, ursprüngliche Heimat der Khoikhoin (Hottentoten).

Harry Rupert: s. Anton Rupert.

Hector Petersen: 13jähriger Schüler, im Juni 1976 als erstes Opfer der Polizei in Soweto erschossen.

Hellaspont to Cape Town: die Meerenge zwischen Robben Island und Kapstadt.

Hoheit, Prinz von Britannien: Das Gedicht wurde aus Anlaß des Besuchs von Edward, Prinz von Wales, später König Edward VIII. in Südafrika im Jahre 1925 geschrieben. Mqhayi verwendet das Modell des traditionellen izibongi (Loblied) ironisch und innovativ.

ijuba: selbstgemachte Speisen und Bier, Nebenverdienst vieler Frauen.

Iman Haron, Elija, Loza, Joseph Mdluli, Steve Biko: Opfer südafrikanischer Polizeibrutalität, angeblich durch ›Selbstmord‹ umgekommen. In den meisten Fällen konnte aber nachher festgestellt werden, daß sie durch die Polizei umgebracht wurden.

Isandlwana: Berühmte Schlacht im Zulukrieg.

Kaffir (arabisch): die Nichtgläubigen, koloniales Schimpfwort für die Schwarzen der Ostküste Afrikas; erscheint als Stammesbezeichnung für Xhosa und Zulus auf deutschen Karten des 19. Jahrhunderts. Zulukaffern.

Kaiser Matamzima: siehe Chief Kaiser Matamzima.

Kapstadt: am Kap der Guten Hoffnung, Sitz des ›weißen‹ südafrikanischen Parlaments.

Kikuyegras: besonders kräftige und grüne Grassorte (aus Kenya eingeführt), typischer Rasen in den Villenvierteln der Weißen.

Kinder von Sharpeville: Das Massaker von Sharpeville, 1961, hat einerseits die Stärke der schwarzen Opposition in Südafrika gezeigt (ANC und PAC), andererseits durch das Verbot dieser schwarzen Oppositionsparteien den Widerstand gelähmt.

Kongregationen: es gibt viele christliche und quasichristliche Sekten in Südafrika, die christliches und afrikanisches Gedankengut und Rituale vermischen.

Kwashiorkor: Proteinmangelkrankheit, weitverbreitet in der Dritten Welt, einseitige Ernährung der Kinder mit Mais.

Kwela-Kwela: an sich ein Tanz der schwarzen Vorstädte, hier: Polizeiwagen (grüne Minna).

Landsdown: Straße in Wynberg, dem Mischlingsviertel südlich von Kapstadt.

Langa, Nyanga: Schwarze Vorstädte von Kapstadt auf den Cape Flats.

Lesotho, Botswana und Swaziland: Kleine schwarzafrikanische Staaten, ehemalige britische Kolonien, an Südafrika angrenzend.

Lizzie: schwarzes Dienstmädchen (Elisabeth).

Lobola: Brautpreis, früher nur Rinder, heute auch Geld.

Makunku, Dumile, Thoko: Freunde des Dichters.

Metam orphosa: Weichtiere

Middleburg: Stadt im östlichen Transvaal. Es geht hier darum, daß man nicht da bleiben darf, wo man bisher gearbeitet hat.

MPLA, FNLA: angolanische Befreiungsbewegungen.

Nelson Mandela: Führendes Mitglied des African National Congress (ANC) und Organisator des Widerstands im Untergrund; seit seiner Gefangennahme und Verurteilung 1961 im Gefangenenlager auf Robben Island bei Kapstadt.

Nkosi Sikelele: Der Herr beschütze (Afrika), Nationalhymne der Schwarzen in Südafrika (ANC).

Orlanda: schwarze Vorstadt von Johannesburg, heute Teil von Soweto.

PAC: Pan-African-Congress, Partei der Schwarzen.

Phalo, Tshiwo: mythische Vorfahren der Xhosa-Häuptlinge.

Philippi: angrenzend an die schwarzen Vorstädte von Langa und Nyanga, Unruhen 1961, nach Sharpeville.

Piet Meyer: Vorsitzender des Rundfunkrats, Mitglied des Broederbonds, bekannt für seine besonders strenge Auffassung von Zensur.

Potchefstroom: Universität: ›Hochschule für christlich-nationalen Unterricht‹, Hochburg der kalvinistisch-afrikaans-nationalen Boeren.

Pretoria: im Transvaal, administrative Hauptstadt von Südafrika.

Prisons Act: verbietet es, ›unwahre‹ Nachrichten über Polizei und Gefängnisse zu verbreiten. Verhindert in der Praxis jede Berichterstattung über Gefängnisse und Gefängnisinsassen; Versuch, Affären wie die Biko-Affäre zu vertuschen.

Prozesse: zukünftige ›Nürnberger Prozesse‹ Südafrikas.

Pussy: Miezekatze (auch sexuelle Konnotation).

Republiktag: am 31. Mai 1960 wurde Südafrika, bisher ein Teil des Commonwealth, zur unabhängigen Republik erklärt. Damit wurden die letzten Bindungen an England abgebrochen.

Richard Turner: Dozent der Soziologie in Durban, Gewerkschaftler, vor allem am Aufbau schwarzer Gewerkschaften beteiligt, von unbekannten Attentätern in seinem Haus ermordet.

Sandebenen: die unfruchtbaren Cape Flats zwischen Kapstadt und Stellenbosch, auf denen vorwiegend die Mischlinge und Schwarzen angesiedelt sind, die in Kapstadt arbeiten.

Sarazenenpanzer: leichter Panzerwagen, meist bei städtischen Aufständen eingesetzt.

Schwarzer Freitag: Schweres Eisenbahnunglück in Soweto, durch die Nachlässigkeit eines weißen Bahnbeamten verursacht.

Sechster Distrikt: Polizeidistrikt in der Nähe der Innenstadt von Kapstadt, bis heute gemischtrassig.

Auch hier wurden schon viele Mischlinge ausgewiesen und auf den Cape Flats angesiedelt.

26. Juni: im Juni 1976 fand der Soweto-Aufstand statt.

Sharpeville: schwarze Vorstadt von Vereniging, südlich von Johannesburg; im Jahre 1961 wurden in der Kampagne gegen die Paßgesetze Hunderte von Schwarzen in Sharpeville erschossen und verwundet. Der Aufstand breitete sich nach Kapstadt und Johannesburg aus.

Simonstown: Kleinstadt auf der Kap-Halbinsel, südlich von Kapstadt, Hauptquartier der südafrikanischen Marine, Marinehafen.

Soweto: Abkürzung für South Western Township. Ein riesiges Konglomerat von schwarzen Vorstädten im Süden von Johannesburg. Schauplatz der Aufstände von 1976, die sich dann nach Port Elisabeth (Kapland), Kapstadt und in andere größere Zentren ausbreiteten.

Stellenbosch-Kadetten: Universitätsstadt im Kap. Die Universität hat ein Institut für militärische Forschung.

Suzmann: Mitglied der Progressiven Föderalen Partei, einer kleinen, etwas liberaleren Oppositionspartei im weißen Parlament.

Tambuti: Baum der Wolfsmilchfamilie, giftig, sogar der Rauch des verbrannten Holzes betäubt. Das Holz des Tambuti spielt eine Rolle in rituellen Situationen.

Tugela: Fluß in Zululand.

Umhlanga: Ort in Natal, heute Ferienort, gehörte früher den Zulus.

Umkhonto kashaka: (Der Speer Shakas), Befreiungsbewegung in Zululand, nach dem bedeutendsten Zulukönig Shaka benannt.

Umtata: zukünftige, noch zu erwartende Schlacht. Umtata ist die Hauptstadt einer der Bantustans, Transkei.

Union Building: Regierungssitz in Pretoria.

van den Bergh: Leiter des Büros für Staatssicherheit (BOSS) unter Vorster.

Voortrekker Street: gibt es fast in jeder Stadt. Hier dürfte die große Straße in Kapstadt gemeint sein.

Weststreet: Hauptstraße in Durban, Natal.

Winterberg: im Kapland, ursprüngliche Heimat der von Jan Jonker nach Namibia geführten Khoikhoin. Beispiel der kolonialen Landnahme durch die Weißen.

X-Ville: bewußter Anklang an Sharpeville. Gemeint ist X-Stadt.

Zionisten: eine Sekte, die sich als schwarze Juden, als das zukünftige auserwählte Volk von Afrika verstehen.

ÜBER DIE AUTOREN

ABRAHAMS, Lionel Isaac:
Geboren 11. April 1928, Herausgeber, Kritiker, Autor, Lehrer, Verleger; Pringle Award for Creative Writing 1977, Gedichte und Artikel in vielen Zeitschriften; *Thresholds of Tolerance (Gedichte, 1975); The Celibacy of Felix Greenspain (Roman, 1978);* Herausgeber der Romane von H. C. Bosman (posthum); *Quarry* (Anthologie südafrikanischer Literatur).

BRAND, Dollar:
Geboren in Kapstadt, besuchte die Trafalgar High School im Distrikt Sechs (Kapstadt); Jazzmusiker; 1960 Emigration nach Europa (Schweiz, Skandinavien); 1966 nach Amerika, 1968 Rückkehr nach Südafrika. Verheiratet mit der Sängerin Bea Benjamin; Gedichte in Zeitschriften und Anthologien.

BREYTENBACH, Breyten:
Afrikaanssprachiger Dichter, 1939 geboren, lebte lange mit seiner indonesischen Frau im Exil (Frankreich und Holland); wurde bei dem Versuch, Südafrika unter falschem Namen zu besuchen, festgenommen und nach dem Gesetz gegen den Terrorismus zu zehn Jahren Gefängnisstrafe verurteilt. Ein Fluchtversuch aus dem Gefängnis Pretoria scheiterte. *Die Ysterkoei moet sweet; Die Huis von die Dowe; Kouevuar; Briewe aan Slagter (Gedichte).*

BRUTUS, Dennis:
Als Sohn südafrikanischer Eltern in Salisbury (Rhodesien) im Jahre 1929 geboren. 1947 graduierte er an der Universität Fort Hare und lebte bis zu seiner Verbannung, 1961, in Port Elisabeth als Lehrer. Wegen seiner Opposition gegen die Apartheidpolitik wurde er zu 18 Monaten Zuchthaus verurteilt, dann zu einem Jahr Hausarrest. Floh 1966 aus Südafrika;

Direktor der World Campaign for the Release of South African Political Prisoners und des Südafrikanischen Nichtrassistischen Olympischen Komittees; erreichte den Ausschluß Südafrikas von den Olympischen Spielen. Seine Gedichte erschienen in vielen Zeitschriften in aller Welt und in Anthologien; ebenso eine Reihe kritischer Artikel; *Sirens, Knuckles, Boots (Gedichte, 1964); Letters to Martha (Gedichte, 1968).*

CHOONARA, I.
In Roodepoort (Transvaal) geboren, lebt seit 1954 in England; studierte an der Universität London, Mathematiklehrer, Chemiker, Schriftsteller, Maler. Kurzgeschichten und Gedichte in namhaften Zeitschriften und Anthologien.

CRONIN, Jeremy:
Geboren in Kapstadt, studierte an der Universität Kapstadt und an der Sorbonne Philosophie und politische Wissenschaften; Dozent an der Universität Kapstadt; 1975 wegen Verbreitung kommunistischer Schriften und Schriften des African National Congress verhaftet und zu zehn Jahren Gefängnis verurteilt. Einzelne Veröffentlichungen in südafrikanischen Lyrikzeitschriften.

DAVIDS, Jennifer:
Geboren am 15. Oktober 1945 in Kapstadt; Fabrikarbeiterin und später Lehrerin. Ihre Gedichte erschienen in verschiedenen südafrikanischen Zeitschriften.

DRIVER, C. J.:
Im Transvaal geboren, studierte an der Universität Kapstadt, Präsident der Nationalen Union Südafrikanischer Studenten, 1963 und 1964. Als Apartheidgegner ohne Verhör auf 90 Tage verhaftet, danach Emigration nach England; studierte in Oxford, Lehrer an der Internationalen Schule Sevenoaks, Gedichte in

Zeitschriften und Anthologien, Romane: *Elegy for a Revolutionary (1969); Send War in our Time, o Lord (1970).*

EYBERS, Howard:
Lebt in Kapstadt, veröffentlichte Gedichte in südafrikanischen Zeitschriften.

FEINBERG, Barry:
Geboren 26. Dezember 1938 in Benoni (Transvaal); studierte an der Johannesburg School of Art und an der Universität London; Kunstlehrer, Herausgeber, seit 1975 arbeitet er für den International Defence and Aid Fund for Souther Africa; Übersetzer, veröffentlichte in vielen Zeitschriften; Mitglied des African National Congress. Herausgeber: *Poets to the People; Collected Stories of Bertrand Russell;* Mitherausgeber: *Dear Bertrand Russell; Bertrand Russell's America, vol. 1.*

GOTTSCHALK, Keith:
Geboren am 14. März 1946 in Kapstadt, Dozent an der Universität Kapstadt, Mitarbeiter der Civil Rights League, veröffentlichte Gedichte, Artikel und Buchbesprechungen in Zeitschriften.

GWALA, Mafika Pascal:
1946 in Verulam (Natal) geboren, besuchte die Schule in Vryheid (Natal), arbeitete in einem Rechtsanwaltsbüro, als Lehrer in einer höheren Schule, als Fabrikarbeiter, Personalbeamter und als Forscher für einen Verleger. Herausgeber des *Black Review; Jol'iinkomo (Gedichte, 1977).*

HORN, Peter:
Geboren 7. Dezember 1934 in Teplitz-Schönau, seit 1955 in Südafrika. Professor an der Universität Kapstadt; *Voices from the Gallows Trees (Gedichte, 1969);*

Walking through our Sleep (Gedichte, 1974); Silence in Jail (Gedichte, 1979); Herausgeber: *Its getting Late and other Poems from Ophir (Gedichte, 1974); Heinrich von Kleists Erzählungen (Aufsätze, 1978).* Mitherausgeber der südafrikanischen Lyrikzeitschrift *Ophir.*

JENSMA, Wopko:
Geboren am 26. Juli 1939; Graphiker, lebt in Durban. Gedichte: *Sing for our Execution; Where White ist the Colour / Where Black ist the Number* (in Südafrika verboten); *Let me show you my Cuttings (1977).*

JOLOBE, James J. R.:
Geboren 1902 in Indiwe als Sohn eines Pfarrers, studierte in Fort Hare; unterrichtete an der Lovedale Bible School. *U-Zagula (Roman, 1923); Iindlela Ezahlukeneyo (Roman, 1928); Omyezc (Roman, 1936); Amavo (Essays); Izicengcelezo zaseDikeni (Gedichte, 1952); Elundini lo Thukela (Roman, 1958); Amathunzi obomi (Drama, 1958); Ilitha (Gedichte, 1959).*

JONKER, Ingrid:
1933–1965; Afrikaanse Schriftstellerin, beging Selbstmord. *Ontvlugting (1956, Gedichte); Rook en Oker (Gedichte, 1963); Kantelson (Gedichte, 1966).*

KNOBEL, Wilhelm:
1935–1966; Afrikaanser Schriftsteller, beging Selbstmord. *Bloedsteen (Gedichte, 1966); Mure van Mos (Gedichte, 1970).*

KUMALO, A. N. C.:
Pseudonym eines südafrikanischen Schriftstellers im Exil.

KUNENE, Masizi:
Geboren am 12. Mai 1930 in Durban (Natal). Studierte

an der Universität Natal, emigrierte 1959 nach London, Repräsentant des African National Congress in England. *Zulu Poems (Gedichte, 1970)*.

LANGA, Madlenkosi:
Näheres nicht bekannt.

LEVIN, Hugh:
Näheres nicht bekannt.

MATTHEWS, James:
Geboren am 24. Mai 1929, verließ seine Schule nach der neunten Klasse; Zeitungsjunge, Bote, Reporter (Golden City Post, Drum Magazine), Telephonist, Journalist bei den ›Muslim News‹, Kapstadt; Gedichte und Kurzgeschichten in südafrikanischen, englischen und amerikanischen Zeitschriften.
Azikwelwa (Kurzgeschichten, 1962); Billy, Mary, Joseph and Cyril (Roman, 1963); The Park (Kurzgeschichten, 1974); Cry Rage (Gedichte, 1973); Black Voices shout (Gedichte, 1974); Pass me a Meatball, Jones (Gedichte, 1977); So ist das nun mal, Baby (Kurzgeschichten, 1977).

MQHAYI, Samuel E. K.:
1875 in der Nähe von Alice im Kapland geboren; Studium in Lovedale, Lehrer, Journalist; gestorben 1945 in Ntab'ozuko, in der Nähe von King William's Town. Zusammen mit Enoch Sontonga schrieb er 1927 die berühmte Hymne *Nkosi Sikelel' I-Afrika (Gott segne Afrika)*, die Nationalhymne aller schwarz-afrikanischen Befreiungsbewegungen; offizielle Nationalhymne Zambias und Tanzanias. *Ityala lama-wele (Erzählung, 1914); Ubombi buka J. K. Bokwe (Biographie, 1925); Imihobe nemibongo (Gedichte, 1927); U-DonJadu (utopischer Roman, 1929); U-Mhlakazi U-Hintza (Cantos, 1936); U-Mquayi wase Ntab'ozuko (zuerst deutsch in der Sammlung Diedrich Wester-*

mann, dann Xhosa; Autobiographie, 1938/39); I-nzuzo (Gedichte, 1942).

MTSHALI, Oswald:
Geboren 1940 in Vryheid (Natal); auf Grund der Gesetzgebung der Regierung durfte er nicht an der Universität Witwatersrand studieren. Er arbeitet als Bote und wohnt in Soweto, einer ›Bantu-Vorstadt‹ in der Nähe von Johannesburg; *Sounds of Cowhide Drum (Gedichte, 1971).*

MTSHALI, Vikithiza Wycliffe:
Zuludichter, publizierte in verschiedenen Zeitschriften in Südafrika.

NOBLE, C. D.:
Südafrikanischer Autor, publizierte in verschiedenen Zeitschriften. Nähere Angaben fehlen.

NORTJE, Arthur:
In Port Elisabeth geboren, studierte an der Universität im Westlichen Kap; unterrichtete Englisch; studierte dann in Oxford weiter; 1967 unterrichtete er in Canada; Mbari Literaturpreis 1962; Gedichte in Anthologien *(Modern Poetry from Africa)* und Zeitschriften. *Dead Roots (Gedichte).*

NYOKA, M. E.:
Xhosa-Dichter, *UHadi (Gedichte, 1961);* weitere Angaben fehlen.

PARENZEE, Donald:
In Kapstadt geboren, studierte an der Universität Kapstadt; seine Gedichte sind bisher nicht publiziert.

SEPAMLA, Sipho:
Lehrer, Leiter eines Theaterseminars, Personalbeamter einer Firma in der Nähe Johannesburgs, Leiter

eines Kunstzentrums, Hrsg. der Literaturzeitschrift *The New Classic* und der Theaterzeitschrift *S'ketsh; Hurry up to it (Gedichte, 1975); The Blues is you in me (Gedichte, 1976); The Soweto I love (Gedichte, 1977).*

SEROTE, Mongane Wally:
Geboren 1944 in Sophiatown, Johannesburg. Studierte an der Columbia-Universität New York bildende Künste; veröffentlichte in verschiedenen Zeitschriften und Anthologien; *Yakhal'inkomo (Gedichte, 1972); Tsetlo (Gedichte, 1974); No baby must weep (Gedichte, 1975); Behold Mama, Flowers (Gedichte, 1978).*

TSHAKA, R. M.:
Geboren am 14. Januar 1904 in Isomo in der Transkei; Buchbinder, Dichter. *Iintsika zentlambo ye-Tyhume (Gedichte, 1953).*

YAKO, S. J.:
Näheres nicht bekannt.

VILAKAZI, Benedict Wallet:
Geboren am 6. Januar 1906 auf der Groutville Missionsstation in Natal; studierte am St. Francis College, Mariannhill, Lehrer in Mariannhill und am Priesterseminar Ixopo; studierte weiter an der Universität Südafrika und an der Universität Witwatersrand, wo er seine Muttersprache Zulu unterrichtete. Seine Magisterarbeit handelte über die Entwicklung der Dichtkunst in Zulu. *Noma nini (Roman, 1935); Inkondlo kaZulu (Gedichte, 1935); UDingiswayo kaJobe (Roman, 1939); Amal'ezulu / Zulu Horizons (Gedichte, 1945).* Vilakazi starb im Oktober 1947.

WIR DANKEN FOLGENDEN AUTOREN UND VERLAGEN FÜR DIE FREUNDLICHE ERLAUBNIS ZUM ABDRUCK:

George Allen & Unwin für die Gedichte von Barry Feinberg, A. N. C. Kumalo, Mazisi Kunene und Hugh Lewin, aus *Poets for the People,* 1977.
Bataleur Press und *Lionel Abrahams* für zwei Gedichte von M. W. Serote und ein Gedicht von Lionel Abrahams.
Mike Cronin und *Ophir* für den Abdruck eines Gedichts von Jeremy Cronin.
A. D. Donker für fünf Gedichte von Sipho Sepamla aus *Hurry up to it* und *The blues is you in me,* zwei Gedichte von W. M. Serote aus *Tsetlo* und Madlenkozi Langa aus *To Whom it may concern.*
Educum Publishers für ein Gedicht von S. J. Yoko.
Keith Gottschalk und *Ophir* für vier Gedichte.
Heinemann Educational Books Ltd. für 5 Gedichte aus *A simple Lust* von Dennis Brutus, fünf Gedichte aus *Dead Roots* von Arthur Nortje, zwei Gedichte von Dennis Brutus, je ein Gedicht von I. Choonara, C. J. Driver und Dollar Brand aus *Seven South African Poets.*
Meulenhoff Nederland bv für vier Gedichte von Breyten Breytenbach.
James Matthews für vier Gedichte aus *Cry Rage* und *Impi.*
Maskew Miller für ein Gedicht von M. E. M. Nyoka aus *UHadi.*
Oxford University Press für sieben Gedichte aus *Sounds of a Cowhide Drum* und *Ophir* von Oswald Mbuyiseni Mtshali.
Donald Parenzee für zwei Gedichte.

The Lovedale Press für ein Gedicht aus *Intsika Zentlambo YeTyhume* von R. M. Tshaka.
Perskor Publishers für ein Gedicht von Ingrid Jonker.
Mafika Pascal Gwala für zwei Gedichte aus *Ophir* und zwei Gedichte von Nkathazo KaManyayiza aus *Ophir.*
Ravan Press für drei Gedichte von Peter Horn aus *Walking through our sleep;* ein Gedicht von Wilhelm Knobel aus *Ophir,* Jeremy Cronin aus *Ophir,* Madlenkosi Langa aus *Ophir* zwei Gedichte von Mafika Pascal Gwala aus *Ophir,* vier Gedichte von Wopko Jensma aus *Sing for our execution, Where white ist the colour, where black is the number, I must show you my clippings* und *Ophir,* Nkathazo KaMnyayiza aus *Ophir,* Oupa Thando Mthinkulo aus *Staffrider,* Robert Greig aus *Ophir,* Vikithiza Wycliffe Mtshali aus *Ophir* und Howard Eybers aus *Ophir.*
University of the Witwatersrand Press für ein Gedicht von J. J. R. Jolobe aus *Umyezo, Bantu Treasury Series 2,* ein Gedicht von S. E. K. Mquayi aus *Inzuzo, Bantu Treasury Series 7,* und zwei Gedichte von B. W. Vilakazi.